I0539812

Copyright © 2022 LINGUAS CLASSICS

BESTACTIVITYBOOKS.COM

Alle Rechte vorbehalten. Kein Teil dieses Buches darf ohne schriftliche Genehmigung des Urheberrechtsinhabers vervielfältigt oder in irgendeiner Weise verwendet werden, mit Ausnahme der Verwendung von Zitaten in einer Buchbesprechung.

ERSTE AUSGABE - Veröffentlicht 2022

Extra Grafikmaterial von: www.freepik.com
Dank an: Alekksall, Starline, Pch.vector, Rawpixel.com, Vectorpocket, Dgim-studio, Upklyak, Macrovector, Stockgiu, Pikisuperstar & Freepik.com Designers

Kostenlose Online-Spiele Entdecken

Hier Erhältlich:

BestActivityBooks.com/FREEGAMES

5 TIPPS FÜR DEN ANFANG!

1) LÖSUNG DER RÄTSEL

Die Puzzles haben ein klassisches Format :

- Die Wörter sind ohne Abstand, Bindetrich usw... versteckt
- Richtung : vor-& rückwärts, auf & ab oder in der Diagonale (beider Richtungen)
- Die Wörter können übereinanderliegen oder sich kreuzen

2) AKTIVES LERNEN

Neben jedem Wort ist ein Abstand vorgesehen zum Aufschreiben der Übersetzung. Um ihre Kenntnisse zu überprüfen und zu erweitern befindet sich am Ende des Buches ein **WÖRTERBUCH**. Suchen sie die Übersetzungen, schreiben sie sie auf, dann können sie sie in den. Puzzles suchen und ihrem Wortschatz hinzufügen.

3) ANZEICHNUNG DER WÖRTER

Haben sie schon einmal versucht eine Anzeichnung zu verwenden? Sie könnten zum Beispiel die Wörter, die schwer zu finden sind, ankreuzen, die Wörter, die sie lieben, mit einem Stern, neue Wörter mit einem Dreieck, seltene Wörter mit einem Diamant usw ... anzeichnen

4) IHR LERNEN ORGANISIEREN

Am Ende dieser Ausgabe bieten wir auch ein praktisches **NOTIZBUCH** an. Ob im Urlaub, auf Reisen oder zu Hause, sie können ihr neues Wissen ganz einfach organisieren, ohne ein zweites Notizbuch zu benötigen!

5) SIND SIE AM SCHLUSS ?

Gehen sie zum Bonusbereich : **MONSTER-HERAUSFÖRDERUNG,** um ein kostenloses Spiel zu finden, das am Ende dieser Ausgabe angeboten wird !

Lust auf mehr Spaß und **Lernaktivitäten**? **Schnell und einfach :**
eine ganze Spielbuchsammlung mit einem einzigen Klick erhaltbar :

Mit diesem Link finden sie ihre nächste Herausforderung :

BestActivityBooks.com/MeineNachsteWortsuche

Achtung, fertig, ... Los !!

Wussten sie, dass es auf der Welt ungefähr 7.000 verschiedene Sprachen gibt ? Wörter sind kostbar.

Wie lieben Sprachen und haben schwer daran gearbeitet, die Bücher von höchster Qualität für sie zu entwerfen. Unsere Zutaten ?

Eine Auswahl von angepassten Lernthemen, drei große Scheiben Spaß, dann fügen wir einen Löffel schwieriger Wörter und eine Prise seltener Wörter hinzu. Wir servieren sie mit Sorgfalt und ein Maximum an Freude, damit sie die besten Wortspiele lösen und Spaß am Lernen haben.

Ihre Meinung ist wichtig. Sie können aktiv zum Erfolg dieses Buches beitragen, indem sie uns eine Bemerkung hinterlassen. Sagen sie uns, was ihnen an dieser Ausgabe am besten gefallen hat !!

Hier ist ein kurzer Link, der sie zu ihrer Bewertungsseite führt

BestBooksActivity.com/Rezension50

Vielen Dank für ihre Hilfe und viel Spaß

Linguas Classics

1 - Gesundheit und Wellness #2

동	동	캠	스	감	그	칼	로	리	무	게	춤	핑	게	스
뽐	편	사	레	포	염	투	휴	비	포	춤	마	원	수	활
휴	다	가	트	투	츠	퍼	서	타	포	재	하	험	위	해
도	편	권	스	킹	권	권	재	민	여	물	식	시	생	부
사	예	투	농	춤	수	재	술	원	농	구	수	권	그	렵
식	다	이	어	트	춤	법	캠	수	면	관	스	킹	이	농
휴	욕	건	강	한	게	가	도	동	재	마	알	레	르	기
핑	퍼	핑	가	공	병	질	진	뽐	활	사	그	유	전	학
봉	수	농	원	법	원	렵	낚	예	활	지	식	진	봉	원
사	핑	권	야	공	시	임	서	퍼	원	식	스	시	하	포
스	봉	권	독	춤	다	원	캠	야	캠	휴	진	림	예	가
에	수	물	투	봉	원	다	그	임	여	여	재	봉	춤	핑
너	낚	편	수	핑	수	이	시	봉	야	뽐	원	낚	동	캠
지	포	관	피	술	뽐	기	낚	농	수	포	심	활	츠	하
림	가	임	관	시	도	투	서	기	편	마	원	스	이	마

알레르기
해부
식욕
다이어트
에너지
유전학
건강한
무게
위생
감염
칼로리
병원
질병
마사지
위험
수면
스포츠
스트레스
비타민

2 - Ozean

즐	서	킹	여	여	활	렵	림	여	마	핑	독	마	소	가
포	캠	새	우	굴	다	이	해	공	림	물	권	핑	스	금
돌	가	스	서	그	가	도	파	투	이	림	고	진	시	퍼
고	림	렵	다	예	휴	술	리	가	퍼	시	진	기	문	어
래	심	츠	킹	법	그	독	권	즐	게	게	암	독	기	상
야	스	기	휴	여	포	술	낚	권	가	법	초	스	농	가
캠	야	산	게	그	마	도	하	츠	원	도	투	사	활	권
원	렵	호	츠	관	다	투	권	물	낚	여	활	춤	기	핑
참	동	뽐	구	렵	가	스	펀	지	술	캠	거	북	이	퍼
치	캠	춤	독	공	편	휴	뽐	서	퍼	수	물	구	렵	스
핑	예	법	포	투	배	폭	캠	야	사	그	관	물	게	포
진	시	기	농	사	구	풍	고	진	이	독	퍼	츠	그	게
재	물	봉	퍼	독	서	독	래	게	림	재	봉	기	뽐	다
식	뽐	조	술	렵	퍼	게	구	캠	법	동	심	동	다	식
그	관	물	수	퍼	킹	휴	원	물	술	츠	뽐	서	장	어

장어
돌고래
물고기
새우
조수
상어
산호
문어
해파리

암초
소금
거북이
스펀지
폭풍
참치
고래
파도

3 - Krankheit

춤	알	진	사	술	증	몸	킹	활	동	동	즐	만	약	다
퍼	다	레	포	뽐	후	권	야	다	이	그	뽐	성	한	물
투	핑	도	르	급	군	스	술	야	스	다	봉	재	심	가
권	캠	춤	게	기	성	기	춤	임	건	강	구	구	낚	마
재	킹	서	퍼	캠	캠	술	유	전	적	기	스	츠	캠	시
마	킹	재	유	독	공	게	동	츠	게	하	마	구	술	재
염	즐	관	공	전	킹	서	법	재	그	킹	법	야	게	식
증	농	게	춤	그	요	법	술	야	포	페	기	구	스	물
예	독	츠	킹	킹	법	재	봉	공	핑	하	심	장	관	원
가	법	공	법	심	투	활	하	동	봉	농	편	도	뽐	캠
독	야	동	휴	춤	재	법	즐	게	동	퍼	가	원	식	서
호	흡	기	도	공	가	림	투	뽐	동	가	렵	여	퍼	구
림	뽐	시	하	재	퍼	뼈	원	봉	구	식	킹	예	진	독
봉	수	예	츠	구	독	임	법	서	재	농	법	즐	사	즐
면	역	복	부	사	퍼	이	여	야	투	캠	동	휴	츠	스

복부
급성
알레르기
호흡기
만성
염증
유전
유전적

건강
심장
면역
약한
공동
증후군
요법

4 - Meditation

사	게	관	진	춤	다	퍼	림	마	농	심	선	물	임	재
렵	림	가	르	침	독	핑	하	농	가	구	명	진	수	킹
활	주	깨	어	구	구	사	기	술	휴	퍼	도	휴	락	포
예	의	낚	투	즐	생	도	술	동	독	림	마	독	서	구
낚	원	수	예	관	봉	각	친	임	동	관	호	가	기	핑
림	원	도	통	하	행	농	절	구	낚	점	독	흡	정	신
독	관	즐	찰	낚	복	진	침	동	다	퍼	평	화	구	재
렵	도	진	력	이	다	휴	묵	낚	이	가	심	츠	마	스
감	사	술	그	구	예	스	법	휴	재	퍼	수	다	동	그
가	핑	휴	도	관	춤	수	원	춤	법	여	이	원	렵	예
기	사	재	스	시	법	핑	술	퍼	구	연	춤	춤	춤	다
퍼	식	술	원	물	하	도	그	사	활	자	민	서	낚	진
운	물	활	물	봉	진	낚	뻠	춤	원	법	춤	스	활	사
동	악	물	핑	낚	게	활	시	원	여	식	츠	동	재	도
마	음	활	도	활	재	예	활	권	기	술	임	도	림	투

수락
호흡
주의
운동
감사
통찰력
친절
평화
생각
정신

행복
선명도
가르침
연민
음악
자연
관점
침묵
마음
깨어

5 - Archäologie

퍼	서	활	그	도	전	활	시	시	여	포	야	즐	퍼	마
다	투	수	킹	팀	문	킹	기	대	핑	농	캠	재	활	림
편	퍼	잊	가	즐	가	수	게	기	캠	물	킹	림	포	관
식	화	평	혀	원	농	재	신	농	고	대	연	구	원	독
포	석	가	휴	진	시	마	비	휴	구	림	휴	독	그	게
술	농	다	다	뽐	수	즐	식	마	즐	캠	술	핑	퍼	사
여	무	덤	농	법	심	절	공	공	공	핑	사	낚	스	원
낚	서	재	휴	교	물	구	마	임	즐	뽐	물	츠	심	공
구	임	동	사	수	동	재	공	예	포	렵	물	유	뽐	게
수	사	도	가	포	문	봉	낚	사	낚	권	다	휴	임	뼈
춤	예	포	다	식	명	술	법	사	여	구	도	독	캠	심
즐	공	수	심	렵	예	원	진	도	공	시	재	후	캠	게
독	휴	하	동	뽐	봉	기	활	하	포	진	스	손	예	봉
포	마	다	분	재	봉	편	여	하	포	림	뽐	뽐	다	림
동	독	재	석	투	그	수	즐	서	기	핑	캠	임	휴	즐

분석
평가
시대
전문가
연구원
화석
신비
무덤

후손
사물
교수
유물
고대
잊혀진
문명

6 - Gesundheit und Wellness #1

농	법	가	농	관	진	기	활	수	뼘	게	반	야	독	다
편	술	춤	기	포	다	피	기	동	신	경	사	원	법	도
재	캠	낚	편	사	독	부	퍼	임	적	킹	의	심	식	관
공	낚	렵	게	예	사	즐	야	춤	휴	인	의	관	구	뼈
습	관	관	임	술	서	법	스	스	츠	심	료	물	독	야
시	낚	임	기	투	다	진	수	임	핑	가	다	이	기	츠
게	그	뼘	권	캠	퍼	하	핑	시	예	농	즐	여	바	림
야	투	퍼	여	물	박	동	권	시	캠	구	춤	골	이	낚
동	즐	이	서	소	테	기	물	야	투	술	킹	절	러	휴
마	퍼	게	치	료	리	부	농	예	굶	캠	마	동	스	이
예	휴	수	도	진	아	상	봉	마	주	스	술	구	동	마
휴	재	츠	뼘	림	식	물	여	가	림	봉	가	권	진	임
낚	봉	원	도	포	춤	법	츠	츠	요	캠	약	이	렵	게
구	예	술	하	캠	림	봉	활	서	법	재	림	국	휴	식
렵	렵	진	캠	그	가	술	재	서	츠	뼘	독	림	법	키

활동적인
약국
의사
박테리아
치료
휴식
골절
습관
피부
굶주림
진료소
의료
신경
반사
요법
부상
바이러스

7 - Obst

독	도	도	권	재	핑	도	춤	야	스	레	그	포	베	구
사	휴	투	시	활	포	농	진	독	춤	몬	활	공	리	마
과	편	가	공	그	봉	구	가	임	예	마	물	동	베	뽐
법	술	관	편	구	그	마	하	킹	즐	뽐	포	봉	즈	술
휴	물	렵	그	도	권	물	렵	림	권	파	파	야	라	술
도	농	캠	술	재	임	마	파	인	애	플	춤	관	킹	킹
복	임	하	원	여	술	바	임	살	예	봉	여	즐	다	이
숭	휴	재	식	권	관	나	도	구	시	낚	캠	자	사	스
아	봉	기	여	멜	뽐	나	법	물	춤	즐	오	두	물	이
숭	편	키	위	론	배	임	아	핑	킹	술	렌	수	게	원
복	식	가	구	도	뽐	킹	스	보	활	이	지	공	핑	낚
도	공	하	봉	물	편	포	춤	블	카	코	림	진	렵	수
천	다	그	다	킹	림	독	기	랙	휴	도	코	휴	투	농
체	리	포	하	농	구	서	투	베	낚	스	마	넛	낚	활
기	하	춤	도	춤	사	기	야	리	식	시	뽐	뽐	편	춤

파인애플
사과
살구
아보카도
바나나
베리
블랙베리
라즈베리
체리
키위
코코넛
멜론
천도 복숭아
오렌지
파파야
복숭아
자두
포도
레몬

8 - Universum

식	활	서	사	다	공	투	망	여	농	스	츠	하	스	캠
독	하	낚	편	포	서	임	원	투	야	렵	동	진	휴	예
이	휴	수	캠	법	낚	관	경	포	예	하	원	경	렵	핑
동	동	구	적	도	재	소	행	성	식	동	사	도	그	술
물	농	춤	휴	시	위	재	공	관	관	지	사	심	포	낚
낚	마	스	서	뽐	즐	포	낚	구	낚	보	점	가	뽐	시
권	투	그	원	그	수	림	즐	이	심	이	구	식	투	림
조	디	악	서	서	구	스	투	게	포	는	포	우	주	심
투	캠	관	독	하	은	독	편	그	휴	뽐	도	다	포	낚
분	위	기	어	늘	반	스	예	츠	캠	이	가	츠	달	공
구	투	즐	공	둠	구	천	공	편	의	다	렵	궤	마	물
수	예	림	림	게	낚	문	기	포	상	원	휴	도	기	원
퍼	투	서	림	구	재	학	투	농	천	문	학	구	관	투
하	캠	도	수	평	선	자	즐	진	진	활	그	사	춤	뽐
퍼	서	진	원	야	즐	사	물	임	공	마	퍼	이	독	심

소행성
천문학자
천문학
분위기
적도
위도
어둠
은하
반구
하늘

천상의
수평선
우주
경도
궤도
보이는
지점
망원경
조디악

9 - Camping

수	렵	뿜	원	포	나	술	편	예	재	공	그	공	마	식
법	츠	진	독	휴	무	술	동	림	숲	춤	사	기	투	그
카	재	식	관	술	권	권	츠	캠	텐	게	원	그	킹	휴
누	마	도	곤	충	원	휴	게	관	트	봉	다	시	권	뿜
마	봉	호	독	술	기	츠	원	기	츠	핑	뿜	렵	밧	사
자	법	수	진	낚	기	독	킹	술	동	심	다	모	도	줄
연	권	나	침	반	수	사	시	원	낚	그	진	험	재	봉
서	예	춤	임	모	자	하	편	렵	활	구	물	지	즐	미
츠	달	서	스	임	기	시	낚	이	야	수	술	도	예	봉
기	뿜	킹	여	핑	관	독	법	캠	캐	그	즐	편	물	권
동	물	관	이	권	술	예	권	킹	빈	게	임	가	낚	림
핑	다	하	독	여	공	다	수	술	술	공	해	먹	야	권
산	그	서	춤	봉	시	춤	봉	낚	임	봉	활	농	서	가
춤	마	사	불	편	봉	이	가	킹	서	하	렵	핑	림	편
예	렵	휴	춤	핑	뿜	림	게	춤	사	동	렵	관	심	스

모험
나무
해먹
모자
곤충
수렵
캐빈
카누

지도
나침반
자연
호수
밧줄
재미
동물
텐트

10 - Zeit

원	가	가	춤	핑	사	어	권	낚	캠	이	원	츠	월	동
물	임	아	츠	기	사	제	기	핑	핑	핑	관	활	핑	츠
활	원	침	공	일	하	사	독	재	편	식	이	술	예	진
서	시	기	기	공	수	킹	재	주	기	이	시	게	이	도
임	동	시	공	가	도	게	사	독	캠	미	식	야	그	도
진	퍼	농	하	마	봉	야	야	편	편	래	임	퍼	식	핑
심	투	농	핑	예	술	림	정	후	사	진	낚	예	동	심
수	세	가	진	포	원	식	오	게	게	권	렵	구	독	가
게	기	렵	진	휴	야	봉	수	공	동	휴	예	독	식	권
달	법	시	전	에	도	휴	춤	년	십	가	사	림	심	연
력	스	진	분	다	야	그	츠	편	술	활	관	기	사	간
게	봉	포	이	킹	즐	원	킹	휴	가	춤	여	스	오	늘
즐	활	츠	술	휴	게	핑	기	권	식	춤	구	지	구	재
하	진	계	춤	도	렵	춤	그	킹	관	원	여	포	금	재
낚	원	시	간	뿜	렵	편	밤	법	핑	포	포	림	다	원

어제
오늘
세기
십년
연간
지금
달력

정오
아침
시간
시계
전에
미래

11 - Säugetiere

춤	기	사	진	사	식	춤	포	원	호	랑	이	여	서	술
가	린	동	물	자	술	임	곰	숭	기	여	하	우	그	물
사	휴	얼	룩	말	동	마	하	이	공	퍼	동	개	이	말
렵	사	시	물	퍼	하	림	원	술	춤	스	재	원	다	편
법	봉	임	렵	공	이	뽐	독	즐	독	휴	편	사	기	춤
여	예	공	림	관	게	이	진	식	황	렵	뽐	심	츠	예
표	범	독	퍼	춤	코	요	테	휴	소	캥	거	루	진	다
코	물	야	킹	구	활	독	독	마	쥐	서	농	스	낚	술
끼	고	물	고	즐	서	퍼	즐	기	임	임	임	여	다	여
리	구	래	릴	식	진	투	비	캠	술	즐	봉	뽐	독	림
재	임	그	라	퍼	가	재	포	버	스	마	가	식	편	편
다	다	물	공	렵	휴	게	편	수	편	도	농	예	법	퍼
수	춤	렵	투	휴	예	농	물	공	권	서	물	관	기	여
다	춤	렵	낚	다	핑	춤	그	여	구	가	춤	여	재	여
늑	대	서	심	원	시	마	관	공	재	양	즐	킹	캠	그

원숭이
비버
코끼리
여우
기린
고릴라
캥거루
코요테
사자
표범
황소
호랑이
고래
늑대
얼룩말

12 - Algebra

도	다	구	사	활	활	임	편	림	방	수	포	낚	멱	스
표	캠	활	그	뽐	게	구	서	임	기	정	그	거	지	사
문	제	편	투	퍼	다	농	퍼	독	그	편	식	짓	수	그
행	렬	그	서	시	권	이	기	투	캠	래	춤	수	변	영
구	이	퍼	임	독	츠	동	가	림	괄	호	프	수	다	킹
게	술	편	가	투	캠	렵	원	마	구	기	사	기	하	수
단	스	술	관	해	결	책	무	한	림	권	즐	도	서	하
순	서	게	원	봉	권	편	예	분	수	관	물	임	수	예
화	식	물	킹	진	기	재	빼	기	다	뽐	하	술	편	그
게	츠	게	식	캠	기	공	기	츠	춤	식	식	재	법	이
도	봉	양	하	투	사	농	게	핑	낚	캠	투	수	구	물
휴	술	물	진	봉	원	휴	그	야	진	사	술	게	원	술
퍼	그	요	재	도	마	그	시	심	킹	게	가	수	공	독
춤	재	인	독	서	퍼	공	법	킹	낚	다	이	법	법	선
구	퍼	그	봉	서	투	물	마	마	시	원	심	구	그	형

분수
도표
멱지수
요인
거짓
수식
방정식
그래프
괄호
선형
해결책
행렬
문제
빼기
무한
변수
단순화

13 - Philanthropie

목	표	식	연	이	휴	가	시	가	임	도	구	낚	재	원
야	렵	술	락	독	원	렵	즐	야	뿜	권	필	요	활	심
렵	활	독	처	야	야	여	식	권	술	기	퍼	뿜	심	뿜
핑	명	킹	투	마	포	투	독	다	스	부	여	편	가	그
여	사	람	들	여	원	공	스	봉	하	관	공	시	식	렵
시	역	편	사	포	기	임	즐	임	캠	시	동	서	관	봉
선	자	그	다	이	사	법	법	이	심	수	활	킹	즐	여
포	금	포	룹	예	이	권	공	시	낚	뿜	법	킹	공	시
원	서	어	하	마	이	청	소	년	공	프	로	그	램	편
금	융	린	법	식	활	스	인	류	글	공	투	투	술	뿜
가	권	이	포	사	도	낚	낚	관	로	포	의	예	식	원
구	법	게	낚	물	다	하	정	수	벌	이	그	공	스	서
커	뮤	니	티	츠	춤	독	스	직	동	공	킹	렵	여	독
게	재	공	게	투	동	츠	츠	춤	서	동	마	관	활	그
포	관	다	독	하	렵	권	봉	동	즐	게	활	대	물	그

필요
정직
금융
커뮤니티
역사
글로벌
관대
그룹
청소년
어린이
연락처
사람들
인류
사명
자금
자선
공공의
프로그램
기부
목표

14 - Diplomatie

심	예	임	서	권	뻠	즐	뻠	의	주	도	인	캠	킹	도
동	윤	리	학	무	공	하	갈	등	국	서	시	낚	휴	츠
게	뻠	포	책	결	해	재	공	재	킹	외	진	민	토	수
편	공	뻠	원	성	구	그	동	조	킹	권	교	이	론	포
봉	진	이	즐	원	법	가	다	약	심	퍼	그	권	예	재
활	포	진	의	진	투	편	편	관	킹	하	마	사	핑	낚
보	안	고	정	여	도	권	재	야	구	핑	술	렵	낚	그
진	킹	문	부	협	력	킹	게	퍼	야	시	법	여	구	독
편	독	다	포	사	물	하	동	시	포	여	킹	법	이	독
식	캠	게	독	커	심	마	편	캠	관	공	예	낚	기	관
킹	츠	술	하	뮤	식	퍼	임	봉	동	가	술	렵	수	투
언	즐	공	활	니	식	구	권	정	공	공	수	휴	법	시
어	다	퍼	술	티	서	킹	하	치	기	뻠	츠	투	포	캠
대	사	관	식	술	여	투	동	독	도	동	낚	물	렵	원
예	대	렵	원	퍼	임	낚	그	츠	휴	림	퍼	림	시	킹

외국의
고문
대사관
대사
시민
외교
토론
윤리학
커뮤니티
정의
인도주의
무결성
갈등
해결책
정치
정부
보안
언어
조약
협력

15 - Astronomie

림	기	권	우	권	구	퍼	퍼	조	그	시	편	이	활	권
스	사	봉	주	법	즐	휴	시	초	디	행	다	물	활	다
임	투	독	시	휴	농	즐	술	도	신	악	성	혜	진	심
낚	그	심	법	물	하	늘	킹	포	도	성	림	성	퍼	퍼
별	마	낚	림	포	야	식	마	스	도	예	술	투	서	권
권	가	재	하	휴	즐	농	로	켓	관	지	우	편	원	하
공	낚	이	츠	공	렵	코	스	모	스	구	주	물	수	별
그	물	그	술	구	동	구	도	원	마	하	비	림	진	자
퍼	진	마	스	캠	스	스	투	망	서	춤	행	서	수	리
진	휴	술	게	투	권	휴	낚	원	기	낚	사	가	심	츠
야	전	망	대	임	천	성	운	경	스	진	즐	츠	낚	달
유	성	즐	즐	여	문	진	재	동	소	핑	법	기	렵	스
킹	스	하	킹	하	학	킹	위	성	행	야	이	림	법	심
권	마	도	예	권	자	낚	술	다	성	관	캠	이	그	뽐
구	이	동	편	농	츠	임	그	하	렵	시	림	진	진	권

소행성
우주 비행사
천문학자
지구
하늘
혜성
별자리
코스모스
유성

성운
전망대
행성
로켓
위성
초신성
망원경
조디악
우주

16 - Ballett

퍼	식	식	독	법	퍼	공	농	여	야	봉	법	킹	수	휴
포	기	법	임	투	물	진	음	악	시	임	작	곡	가	림
도	식	서	도	뽐	진	예	휴	게	춤	우	식	춤	독	활
츠	사	법	그	츠	킹	다	여	기	편	아	기	림	츠	시
휴	근	발	식	도	진	그	춤	편	야	한	사	스	봉	킹
독	육	식	레	듬	도	시	다	독	구	법	렵	림	구	동
수	농	림	기	리	춤	이	여	도	독	농	다	강	편	핑
낚	진	림	제	림	나	투	독	주	활	즐	서	그	렬	술
게	라	트	스	케	오	관	편	예	술	적	물	농	뽐	함
렵	스	시	처	댄	서	포	캠	하	술	림	봉	휴	예	관
독	술	식	식	뽐	공	기	박	봉	예	는	수	투	관	그
게	이	식	수	렵	원	술	독	수	포	내	법	물	관	도
봉	진	활	구	다	다	휴	임	야	스	타	일	수	동	권
스	물	독	킹	연	뽐	봉	청	중	킹	나	리	허	설	심
안	무	여	기	습	기	휴	가	이	임	림	동	하	스	하

우아한
박수
나타내는
발레리나
안무
제스처
강렬함
작곡가
예술적
음악

근육
오케스트라
연습
리허설
청중
리듬
독주
스타일
댄서
기술

17 - Geologie

재	지	진	종	뽐	시	도	즐	권	스	수	예	도	여	포
기	스	기	유	술	낚	동	굴	휴	뽐	즐	예	퍼	여	투
권	그	구	석	이	시	이	식	하	소	금	법	퍼	킹	하
화	석	녹	권	그	츠	편	동	가	스	물	농	예	독	여
물	공	은	가	물	술	시	도	공	낚	임	공	춤	캠	법
춤	스	킹	시	킹	투	법	관	퍼	기	야	게	뽐	기	스
동	동	스	포	물	포	캠	석	영	재	수	부	뽐	렵	진
석	순	낚	예	서	사	용	독	심	마	수	식	활	공	서
고	원	재	휴	농	핑	여	암	포	림	사	법	물	이	돌
공	시	킹	킹	진	즐	예	동	다	그	투	관	렵	원	농
임	낚	스	춤	이	스	구	킹	캠	도	마	식	진	권	휴
원	탄	산	수	봉	공	야	투	그	예	사	재	봉	임	투
공	시	대	봉	관	진	봉	법	기	사	진	관	낚	여	게
야	하	륙	구	게	칼	핑	호	간	헐	천	구	마	도	원
이	낚	원	역	물	이	슘	심	산	화	공	휴	동	수	캠

지진
부식
화석
녹은
간헐천
동굴
칼슘
대륙
산호

용암
탄산수
고원
석영
소금
석순
종유석
화산
구역

18 - Wissenschaft

게	중	식	물	리	학	관	스	휴	농	활	서	편	실	험
휴	력	즐	물	예	다	가	석	킹	데	구	진	활	하	재
봉	물	심	휴	가	재	독	화	권	투	이	독	렵	투	봉
여	수	퍼	그	술	가	야	학	재	수	여	터	술	봉	이
핑	림	즐	시	독	설	그	분	자	농	포	식	유	임	림
스	술	렵	권	임	핑	식	독	학	심	서	후	기	킹	마
춤	기	렵	투	공	여	물	렵	과	포	진	여	체	사	실
편	게	활	휴	하	낚	편	예	동	원	식	포	권	하	농
탄	그	하	즐	야	사	림	휴	핑	법	림	렵	림	봉	심
수	산	야	독	원	춤	구	휴	게	수	마	법	투	술	이
원	자	수	하	심	재	사	독	시	구	시	퍼	권	낚	야
퍼	춤	가	시	농	술	기	서	즐	진	화	관	캠	술	재
관	방	법	시	렵	농	낚	실	자	연	렵	물	권	여	봉
공	식	농	츠	술	입	자	험	여	춤	임	휴	핑	원	임
진	서	공	진	농	렵	야	실	진	야	수	시	술	수	활

원자
화학
데이터
진화
실험
화석
가설
기후
실험실
방법
탄산수
분자
자연
유기체
입자
식물
물리학
중력
사실
과학자

19 - Bildende Kunst

사	밀	게	즐	퍼	그	조	포	동	이	수	스	기	스	마
그	랍	물	핑	마	렵	각	다	재	렵	림	활	이	야	편
하	이	구	토	연	필	퍼	캠	게	사	서	포	포	예	그
림	예	관	점	기	식	휴	공	술	진	원	수	즐	마	관
포	스	술	농	봉	창	여	활	기	스	시	심	재	예	진
서	관	퍼	가	식	사	의	도	뺌	독	필	름	수	마	권
독	스	임	캠	임	투	식	성	투	게	분	농	구	바	편
도	텐	서	원	휴	서	임	구	활	구	춤	식	마	니	시
활	실	휴	권	여	농	진	포	뺌	법	수	투	예	시	임
권	심	츠	사	편	진	시	퍼	킹	이	농	법	뺌	렵	편
즐	사	관	숫	건	축	학	시	게	캠	동	여	활	킹	캠
술	도	원	구	화	가	식	휴	춤	마	식	스	춤	마	서
시	수	마	독	여	상	동	농	하	원	사	투	예	권	재
야	시	농	농	포	예	초	심	다	예	편	펜	걸	심	법
낚	심	공	림	술	법	구	뺌	활	츠	그	킹	작	활	다

건축학
연필
필름
사진
창의성
분필
예술가
바니시
걸작

관점
초상화
스텐실
조각
화가
점토
밀랍
구성

20 - Mythologie

야	동	핑	독	서	봉	여	야	츠	이	퍼	마	포	서	편
시	사	진	사	림	마	농	술	진	설	휴	가	포	질	권
뿜	관	힘	불	뿜	법	편	투	스	전	사	포	봉	투	츠
수	관	영	킹	사	의	미	궁	춤	핑	가	문	화	캠	사
식	서	웅	재	창	조	재	퍼	재	공	스	권	진	캠	편
하	편	킹	해	임	야	츠	봉	법	게	츠	독	퍼	활	구
복	그	포	동	하	원	마	물	림	낚	투	휴	캠	하	포
수	원	봉	여	번	심	식	편	그	물	활	신	춤	원	편
이	원	권	스	개	그	핑	핑	재	식	임	하	재	즐	형
행	동	수	그	투	독	원	생	물	렵	여	스	진	권	이
사	심	킹	야	림	관	예	포	야	스	투	원	가	서	기
야	즐	하	마	기	투	동	식	캠	임	물	스	시	뿜	즐
술	즐	이	퍼	편	춤	휴	낚	게	심	예	편	구	포	관
킹	가	투	기	여	재	그	도	괴	수	킹	심	국	술	하
퍼	공	법	농	시	게	임	하	권	물	스	킹	천	둥	여

원형
번개
천둥
질투
영웅
천국
재해
창조
생물

전사
문화
미궁
전설
마법의
괴물
복수
불사
행동

21 - Restaurant #2

이	전	샐	뻠	여	웨	시	휴	춤	수	국	투	술	도	여
과	일	채	러	봉	이	소	금	림	게	수	독	이	여	림
저	편	낚	권	드	터	독	식	권	도	킹	동	예	기	농
녁	렵	농	공	낚	예	캠	법	숟	가	락	하	춤	수	재
식	구	서	농	낚	킹	법	춤	구	편	향	식	관	다	술
사	시	림	야	마	포	도	물	공	게	신	렵	채	즐	서
법	즐	사	예	수	크	물	퍼	휴	게	료	음	소	사	예
심	동	투	스	프	이	재	고	재	식	츠	얼	게	게	낚
다	농	맛	법	투	케	법	낚	기	활	낚	독	게	림	림
캠	게	있	기	기	예	캠	임	퍼	그	권	야	임	점	심
낚	술	는	캠	서	킹	퍼	원	활	춤	법	서	진	낚	물
림	마	휴	동	독	구	스	여	농	기	춤	춤	퍼	스	투
법	술	캠	동	의	이	봉	농	예	이	츠	캠	권	림	편
법	여	동	여	자	퍼	여	서	농	법	임	다	심	즐	퍼
사	림	춤	다	편	동	술	농	즐	그	츠	뻠	뻠	심	여

저녁 식사
얼음
물고기
과일
포크
채소
음료
향신료
웨이터
맛있는
케이크
숟가락
점심
국수
샐러드
소금
의자
수프
전채

22 - Ökologie

자	춤	투	술	선	박	지	시	수	춤	습	낚	가	재	관
연	독	진	법	진	뭄	속	기	야	핑	지	구	퍼	즐	봉
스	공	구	구	수	사	가	후	심	투	뽐	즐	동	임	야
러	진	다	렵	플	예	능	즐	여	게	수	초	퍼	동	야
운	식	봉	벌	로	글	한	춤	서	렵	재	여	목	포	스
여	독	물	원	라	핑	이	재	농	낚	법	봉	식	식	산
춤	스	다	그	원	재	관	물	여	관	춤	예	활	물	공
마	원	다	양	성	퍼	기	종	포	임	원	서	낚	심	사
야	그	도	캠	사	퍼	이	춤	공	게	자	공	식	기	다
낚	시	커	뮤	니	티	도	활	도	사	연	렵	예	지	그
수	임	농	식	법	생	존	하	그	퍼	진	진	휴	사	예
활	낚	서	동	권	식	낚	게	활	구	야	마	법	도	가
법	스	공	물	식	동	킹	수	게	포	예	기	공	활	술
물	기	그	군	츠	림	캠	시	농	하	춤	뽐	낚	야	그
사	렵	사	임	물	재	활	포	물	스	독	도	식	재	킹

가뭄
동물군
플로라
커뮤니티
글로벌
기후
서식지
선박
지속 가능한
자연
자연스러운
식물
자원
습지
생존
초목
다양성

23 - Schokolade

달	즐	갈	성	분	시	장	휴	원	구	술	킹	시	다	즐
콤	그	망	하	투	마	인	가	마	마	예	물	뻠	그	물
한	예	킹	여	마	이	적	가	서	원	시	캠	구	퍼	하
캐	러	멜	레	춤	활	국	봉	렵	림	마	봉	도	기	뻠
식	권	수	시	포	춤	이	권	다	뻠	쓴	칼	심	땅	스
원	핑	물	피	재	심	킹	봉	여	휴	마	가	로	콩	렵
코	코	넛	이	임	렵	가	독	설	는	있	맛	휴	리	야
공	휴	렵	가	뻠	독	림	권	탕	하	뻠	림	이	게	심
법	스	동	도	림	동	권	하	독	아	수	렵	공	낚	편
뻠	도	가	뻠	임	카	카	오	임	좋	항	산	화	제	식
원	도	야	림	재	핑	스	렵	낚	야	물	킹	도	봉	물
게	하	농	즐	봉	술	편	사	활	관	가	하	구	포	춤
구	캠	투	기	이	휴	공	마	재	권	공	구	그	물	야
스	핑	술	게	야	임	서	그	편	가	품	질	춤	봉	퍼
야	게	이	봉	농	가	활	투	심	수	루	여	법	독	도

항산화제
땅콩
이국적인
좋아하는
장인
카카오
칼로리
캐러멜
코코넛
맛있는
가루
품질
레시피
달콤한
갈망
설탕
성분

24 - Boote

엔	여	편	호	수	야	츠	재	렵	사	밧	기	렵	스	심
진	물	도	농	식	봉	법	진	술	독	재	줄	휴	진	춤
심	심	구	독	시	독	농	이	술	법	포	즐	진	뽐	물
카	술	공	활	법	게	사	여	시	심	킹	스	사	포	투
누	서	퍼	서	스	휴	여	심	물	독	물	기	야	예	스
그	도	도	임	야	춤	다	림	재	게	심	휴	농	게	마
심	관	이	도	킹	야	포	공	요	트	포	스	낚	핑	낚
편	림	야	킹	킹	기	뽐	부	파	킹	게	해	술	법	독
다	춤	야	마	편	다	승	표	그	도	낚	상	농	킹	핑
나	수	봉	재	권	즐	무	카	약	권	원	심	서	도	봉
룻	춤	임	수	뗏	도	원	범	편	이	대	양	구	명	정
배	림	게	낚	식	목	식	선	관	킹	돛	휴	투	기	사
강	포	술	야	원	공	가	그	가	마	독	즐	권	관	투
게	재	기	시	다	뽐	낚	렵	림	하	닻	바	술	서	공
이	그	편	여	게	독	킹	스	그	예	시	다	그	동	서

부표
승무원
나룻배
뗏목
카약
카누
돛대
바다
엔진

해상
대양
구명정
호수
범선
밧줄
파도
요트

25 - Stadt

법	여	시	사	농	하	물	임	봉	진	투	림	낚	여	수
권	학	교	야	원	활	물	독	휴	진	킹	수	킹	즐	투
여	편	휴	예	봉	기	구	진	캠	료	마	물	투	재	야
동	재	여	스	그	법	핑	수	포	소	농	독	츠	기	가
식	낚	츠	예	원	이	다	재	캠	여	식	영	춤	권	원
야	하	편	편	대	이	게	림	퍼	투	당	스	화	마	휴
춤	야	춤	진	학	봉	시	은	행	사	농	다	호	텔	편
봉	야	쁨	렵	서	가	박	장	구	임	서	다	퍼	술	이
시	캠	사	약	가	원	물	동	슈	편	쁨	공	항	핑	스
봉	수	관	국	렵	도	관	사	퍼	포	서	게	원	핑	게
경	도	서	관	권	스	핑	심	마	재	점	도	그	서	플
쁨	기	편	원	포	스	춤	츠	켓	독	도	시	수	다	로
하	농	장	진	활	그	이	다	갤	러	리	기	도	핑	리
빵	동	여	구	여	퍼	물	예	쁨	기	사	츠	극	농	스
집	사	심	그	가	법	게	게	즐	휴	동	농	장	도	트

약국
은행
빵집
도서관
플로리스트
서점
공항
갤러리
호텔
영화
진료소
시장
박물관
식당
학교
경기장
슈퍼마켓
극장
대학
동물원

26 - Aktivitäten

술	원	여	관	재	게	츠	여	여	캠	기	예	시	동	춤
도	림	기	법	심	임	가	법	시	낚	야	츠	렵	사	물
사	그	포	림	게	식	식	시	법	원	사	렵	심	스	게
도	사	춤	시	진	춤	춤	농	휴	농	봉	춤	투	편	도
독	서	림	가	관	물	여	동	식	캠	마	식	법	다	하
심	야	동	관	심	예	캠	예	공	도	독	투	기	핑	여
서	춤	편	물	사	캠	봉	술	예	이	원	술	구	술	사
식	캠	재	렵	예	핑	낚	시	원	권	휴	투	야	관	진
식	독	킹	야	낚	농	수	기	게	하	공	그	스	휴	술
캠	원	물	하	이	킹	활	렵	쁨	예	식	이	쁨	서	봉
야	츠	여	활	동	휴	마	법	농	가	캠	재	핑	기	춤
낚	서	가	권	하	식	진	림	임	술	동	공	핑	도	활
활	법	야	도	포	다	퍼	임	재	봉	기	권	봉	물	춤
원	편	춤	여	캠	농	퍼	진	킹	킹	낚	원	법	시	핑
캠	독	즐	스	식	서	구	권	춤	독	게	기	여	권	예

활동
낚시
캠핑
휴식
기술
사진술
여가
원예
관심사
수렵

예술
공예
독서
마법
재봉
게임
편물
기쁨
하이킹

27 - Bienen

도	춤	킹	핑	농	야	편	시	마	원	재	휴	서	관	공
수	하	하	이	브	권	투	예	퍼	꿀	사	동	야	킹	예
물	뽐	게	그	사	유	익	한	예	활	츠	사	편	수	활
하	술	날	개	렵	게	스	구	하	퍼	이	농	하	이	봉
포	서	독	재	즐	공	사	식	스	물	재	투	투	포	퍼
과	일	휴	포	투	독	활	원	즐	렵	식	여	생	식	물
음	진	다	수	분	매	개	자	공	기	기	봉	태	마	관
식	구	양	태	화	서	그	심	이	도	독	킹	계	구	원
물	낚	성	그	임	포	캠	진	농	편	권	그	이	그	꽃
연	기	낚	관	권	수	곤	예	다	퀸	재	공	활	농	사
핑	임	킹	이	물	식	충	하	사	떼	도	다	임	시	게
임	서	서	도	캠	독	심	그	스	기	시	심	활	렵	식
진	식	킹	공	공	편	임	춤	낚	술	밀	랍	휴	이	여
퍼	지	즐	춤	게	림	농	시	서	도	심	구	휴	정	사
기	관	진	물	캠	구	이	예	활	퍼	예	투	츠	봉	원

수분 매개자
하이브
음식
날개
과일
정원
곤충
서식지

생태계
식물
화분
연기
태양
다양성
유익한
밀랍

28 - Wissenschaftliche Disziplinen

신	여	활	츠	지	질	학	역	면	심	식	투	운	다	가
술	경	재	법	공	임	화	물	렵	리	물	해	천	동	렵
휴	도	학	물	광	사	회	학	생	학	학	부	문	생	학
식	가	고	춤	핑	춤	츠	어	야	물	역	하	학	화	뽐
즐	그	고	스	농	예	심	언	게	동	열	진	포	학	심
춤	킹	법	그	이	식	관	림	구	심	술	권	다	춤	도
여	시	수	마	임	게	진	서	게	하	편	퍼	즐	퍼	춤
농	기	가	권	술	재	임	권	포	킹	역	재	킹	투	야
동	서	림	퍼	스	뽐	시	츠	도	기	학	시	림	림	킹
하	츠	도	퍼	야	식	여	투	여	동	그	킹	임	임	가
시	물	구	술	포	시	생	그	포	다	츠	동	권	캠	그
츠	식	동	게	구	즐	리	투	게	예	사	시	편	캠	하
그	공	마	사	투	심	학	야	낚	생	태	학	하	권	서
공	독	활	예	봉	츠	봉	사	편	진	원	마	도	킹	그
마	다	수	가	편	편	공	이	킹	츠	렵	술	다	뽐	퍼

해부
고고학
천문학
생화학
생물학
식물학
화학
지질학
면역학
운동학
언어학
역학
광물학
신경학
생태학
생리학
심리학
사회학
열역학
동물학

29 - Vögel

올	심	투	다	독	림	포	서	원	거	물	즐	사	휴	포
빼	가	술	공	츠	수	권	공	사	춤	위	핑	앵	무	새
미	렵	법	원	물	여	리	작	그	투	핑	핑	재	권	리
킹	스	낚	술	서	법	렵	도	술	스	재	편	뽐	예	부
림	즐	킹	닭	물	수	캠	뽐	원	핑	도	츠	독	그	도
오	킹	휴	시	관	구	여	물	활	킹	다	심	렵	진	수
리	그	원	그	예	술	렵	구	포	황	새	퍼	술	휴	서
이	핑	식	도	서	백	동	투	하	식	참	새	포	플	기
사	마	펠	리	컨	낚	조	까	마	귀	뽐	그	심	라	킹
비	둘	기	꾸	뻐	핑	투	물	수	즐	봉	법	식	밍	도
게	낚	물	도	진	기	낚	시	관	원	임	원	렵	고	관
수	그	즐	기	공	진	편	즐	렵	여	관	그	식	이	권
관	권	그	갈	매	기	투	농	식	펭	도	킹	식	동	재
수	투	하	킹	춤	캠	헤	론	독	귄	술	예	식	활	시
사	낚	퍼	법	봉	다	독	캠	포	야	계	란	임	활	킹

독수리
계란
오리
올빼미
플라밍고
거위
까마귀
뻐꾸기
갈매기
앵무새
펠리컨
공작
펭귄
헤론
백조
참새
황새
비둘기
부리새

30 - Biologie

츠	기	여	낚	봉	재	권	파	낚	가	휴	퍼	림	술	임
춤	투	다	춤	휴	도	심	충	식	활	염	뽐	뽐	편	심
자	핑	독	진	호	르	몬	류	휴	물	색	동	가	킹	독
권	연	관	재	심	기	식	셀	렵	수	체	농	공	생	춤
퍼	휴	스	그	삼	구	시	시	단	백	질	휴	동	휴	춤
활	츠	다	러	투	봉	서	편	서	원	림	휴	독	낚	하
구	이	식	시	운	술	마	투	휴	핑	핑	가	신	경	다
즐	스	춤	포	유	류	뉴	런	마	심	활	활	해	휴	춤
독	도	심	효	소	투	뽐	게	콜	동	도	광	부	휴	시
편	가	여	뽐	기	사	활	공	라	마	식	합	사	권	봉
마	스	배	아	캠	진	진	서	겐	낚	휴	성	독	편	공
시	게	심	임	권	킹	농	뽐	킹	츠	캠	가	게	낚	마
예	심	츠	가	투	서	휴	하	츠	춤	진	진	화	술	물
시	냅	스	관	림	물	서	핑	렵	물	편	동	재	시	시
돌	연	변	이	스	식	뽐	권	여	수	포	편	핑	기	재

해부
염색체
배아
효소
진화
호르몬
콜라겐
돌연변이
자연스러운
신경
뉴런
삼투
식물
광합성
단백질
파충류
포유류
공생
시냅스

31 - Elektrizität

춤	하	원	예	퍼	낚	츠	편	편	장	야	야	구	전	화
기	편	편	재	농	핑	진	그	원	비	캠	스	재	여	즐
서	물	시	츠	서	스	시	구	스	발	선	레	이	저	캠
전	기	포	서	즐	임	시	심	재	공	전	여	캠	킹	포
양	램	여	진	법	긍	심	예	수	가	임	기	예	편	여
기	프	부	다	편	편	정	원	림	춤	캠	서	독	진	심
권	게	정	심	관	렵	포	적	원	렵	휴	춤	스	하	포
뽐	가	적	술	마	독	퍼	서	인	술	심	도	소	즐	봉
식	공	인	임	자	석	킹	다	진	춤	야	게	진	켓	시
서	권	공	심	츠	도	독	가	낚	춤	진	술	도	그	그
활	동	츠	식	림	예	즐	림	림	독	활	동	식	그	즐
심	기	핑	이	저	야	그	림	이	츠	법	퍼	회	술	법
케	뽐	시	법	장	텔	레	비	전	사	물	춤	로	식	편
이	림	예	동	물	동	핑	동	심	배	터	리	망	그	퍼
블	포	캠	농	농	여	식	권	그	재	뽐	다	편	휴	활

장비
배터리
전선
전공
전기
텔레비전
발전기
케이블
저장
램프
레이저
자석
부정적인
회로망
사물
긍정적 인
소켓
전화

32 - Garten

투	츠	부	즐	농	농	토	양	공	봉	연	잡	다	원	캠
낚	원	술	시	관	권	재	원	림	뼘	못	초	독	농	여
투	재	춤	재	캠	다	물	농	도	재	낚	독	여	진	편
림	테	다	기	림	즐	캠	스	렵	벤	야	낚	술	포	포
동	라	법	독	림	울	타	리	사	마	치	야	구	식	춤
핑	스	봉	그	수	투	관	도	구	구	관	관	퍼	림	활
공	임	사	춤	물	하	술	물	춤	진	야	그	핑	술	이
투	즐	법	봉	포	림	식	공	서	츠	투	현	관	봉	하
독	여	가	렵	트	꽃	잔	권	독	편	낚	예	휴	물	가
법	술	갈	퍼	램	투	디	편	편	이	가	술	해	농	즐
스	츠	퀴	서	폴	삽	편	관	도	즐	하	가	먹	물	렵
휴	퍼	정	원	린	예	그	진	관	낚	예	츠	농	도	킹
수	권	예	수	낚	이	편	퍼	수	호	스	뼘	차	고	식
재	퍼	가	과	임	하	핑	나	무	핑	편	가	투	캠	낚
츠	다	포	야	포	농	킹	마	핑	식	휴	그	사	가	하

벤치
나무
토양
부시
차고
정원
잔디
해먹
과수원

갈퀴
호스
연못
테라스
트램폴린
잡초
현관
울타리

33 - Antarktis

보	스	조	류	캠	야	여	춤	기	원	관	빙	재	편	마
존	춤	퍼	원	투	림	휴	스	동	관	예	하	뽐	퍼	마
학	리	지	형	다	다	편	춤	도	바	임	그	핑	스	투
탄	예	예	활	킹	야	진	동	예	람	하	렵	편	대	륙
산	하	사	사	투	퍼	관	다	임	여	공	시	심	관	가
수	춤	시	예	만	하	그	츠	편	수	즐	춤	츠	림	편
권	물	수	활	관	킹	도	독	진	활	이	주	시	편	날
포	그	포	렵	반	포	구	독	뽐	불	봉	휴	심	농	씨
스	독	여	다	도	농	서	하	도	예	안	권	캠	재	춤
예	봉	핑	이	식	림	시	구	포	독	수	정	진	원	다
포	환	경	온	임	춤	구	술	시	캠	심	시	한	구	정
뽐	스	도	도	재	츠	서	도	수	구	물	가	핑	연	얼
게	서	예	과	기	렵	캠	낚	게	활	투	활	공	사	음
권	츠	캠	학	권	시	수	츠	서	휴	농	춤	원	시	다
독	물	스	적	법	재	포	법	식	예	예	마	림	림	동

얼음
보존
원정
불안정한
연구원
지리학
빙하
반도
대륙
이주
탄산수
온도
지형
환경
조류
날씨
바람
과학적

34 - Fahren

사	트	가	사	다	마	다	농	도	야	농	속	그	렵	법
브	럭	수	낚	도	교	가	임	경	공	뽑	위	도	편	공
기	레	그	심	림	통	하	킹	찰	법	야	험	지	심	도
봉	진	이	킹	캠	편	식	권	춤	법	버	가	다	이	렵
기	농	핑	크	재	원	권	물	예	투	스	츠	이	츠	포
안	전	술	권	독	기	그	다	법	여	법	농	활	공	퍼
서	이	다	예	농	춤	수	게	휴	기	게	마	이	권	권
투	스	서	동	낚	림	춤	활	편	구	농	다	식	야	도
다	캠	퍼	진	임	춤	공	포	농	공	법	뽑	포	킹	마
예	하	모	터	주	동	림	마	즐	게	다	권	도	림	이
특	그	게	다	의	춤	림	보	오	토	바	이	수	가	스
허	뽑	뽑	낚	포	즐	서	재	행	스	투	봉	야	기	농
이	즐	농	봉	퍼	차	고	사	투	자	시	터	널	심	차
사	재	캠	독	가	뽑	츠	림	뽑	농	다	투	킹	게	퍼
수	원	림	킹	식	퍼	독	사	예	킹	춤	하	진	연	료

브레이크
연료
버스
보행자
차고
가스
위험
속도
지도
특허
트럭
모터
오토바이
경찰
안전
터널
사고
교통
주의

35 - Physik

뽐	포	마	자	분	혼	스	공	투	물	식	가	스	법	원
편	엔	진	기	원	돈	렵	다	권	구	마	츠	렵	술	스
투	편	진	법	심	사	관	술	원	기	임	권	휴	술	진
전	진	재	공	공	물	다	그	원	도	봉	게	핵	마	다
자	스	임	활	즐	동	밀	야	즐	임	하	다	편	독	술
포	마	야	활	가	술	도	심	렵	수	서	휴	임	춤	스
사	낚	가	서	낚	야	관	식	활	기	수	식	법	구	츠
구	렵	수	재	즐	사	포	춤	동	관	변	도	수	술	공
기	마	가	원	여	야	캠	이	핑	식	하	원	봉	임	핑
마	원	가	림	휴	여	다	다	권	질	캠	스	이	즐	관
봉	사	사	림	휴	서	원	법	관	핑	량	활	봉	속	도
실	기	이	림	법	편	진	기	화	핑	법	예	상	가	빈
술	험	휴	츠	퍼	기	마	그	학	게	뽐	진	대	렵	구
원	관	츠	즐	캠	가	봉	투	역	츠	사	입	성	그	농
스	독	편	사	기	임	퍼	기	스	즐	봉	자	뽐	독	도

- 원자
- 가속
- 혼돈
- 화학
- 밀도
- 전자
- 실험
- 수식
- 빈도
- 가스
- 속도
- 자기
- 질량
- 역학
- 분자
- 엔진
- 입자
- 상대성
- 변수

36 - Bücher

춤	식	뺨	임	식	지	임	공	캠	예	법	임	포	시	스
심	그	예	성	중	이	야	기	리	더	내	레	이	터	도
마	림	기	스	시	페	투	비	게	서	사	시	게	림	원
진	물	법	춤	킹	서	핑	참	휴	수	투	야	킹	다	게
예	봉	츠	포	핑	기	편	한	활	림	뺨	킹	진	즐	동
캠	스	권	포	그	이	뺨	사	맥	뺨	즐	핑	스	캠	수
낚	재	미	있	는	진	서	마	문	시	소	설	휴	도	구
그	렵	춤	권	스	진	야	야	스	학	독	캠	동	즐	마
동	캠	식	독	림	독	낚	낚	식	원	림	도	스	투	구
재	사	농	권	춤	하	술	독	술	여	핑	마	식	포	관
시	리	즈	재	수	집	동	뺨	발	뺨	림	퍼	휴	모	가
사	낚	관	휴	관	림	구	관	서	명	휴	구	투	동	험
서	킹	예	도	그	원	편	렵	서	면	낚	임	관	련	마
시	심	킹	사	여	그	물	저	자	시	사	원	캠	구	휴
림	역	사	적	인	사	구	동	봉	임	서	킹	술	봉	스

모험
저자
이중성
서사시
발명
내레이터
이야기
서면
역사적인
재미있는

수집
문맥
리더
문학
관련
소설
페이지
시리즈
비참한

37 - Menschlicher Körper

원	낚	낚	사	츠	기	투	마	심	야	뇌	다	스	림	수
팔	가	농	낚	서	관	재	퍼	예	춤	림	렵	게	다	활
꿈	편	관	기	원	관	봉	가	마	봉	여	구	수	머	즐
치	시	임	가	술	다	식	스	츠	다	낚	원	투	목	리
캠	투	춤	활	술	위	캠	퍼	뽑	권	도	활	원	서	물
휴	스	다	공	독	봉	동	예	여	야	퍼	권	관	편	춤
공	편	입	게	심	이	킹	스	렵	가	게	사	임	즐	서
어	귀	예	피	게	임	츠	법	동	활	야	츠	여	편	농
깨	권	손	피	마	하	렵	뽑	퍼	임	가	봉	뽑	재	츠
편	춤	가	구	부	가	가	심	구	이	림	수	관	렵	퍼
편	핑	락	포	심	턱	손	장	춤	코	원	그	휴	권	다
렵	관	수	도	공	림	발	목	휴	활	게	농	여	사	리
관	물	심	공	혀	마	심	권	얼	굴	낚	츠	진	림	춤
진	농	림	스	스	무	릎	수	림	도	캠	농	핑	식	림
심	관	렵	그	림	공	물	야	원	핑	기	물	하	기	포

다리
팔꿈치
손가락
얼굴
피부
심장
무릎
발목
머리
어깨

38 - Agronomie

핑	사	사	동	포	핑	그	춤	춤	독	오	스	캠	마	포
시	예	마	구	비	술	학	게	기	게	염	다	공	식	휴
구	렵	관	권	료	관	태	야	독	기	포	츠	즐	퍼	동
사	뿜	식	츠	원	야	생	산	식	수	게	마	포	퍼	스
구	진	가	포	사	연	구	시	이	원	도	낚	게	재	게
수	권	수	야	다	킹	사	포	스	야	시	림	츠	렵	휴
임	활	에	너	지	편	독	스	법	템	토	이	그	투	예
공	활	여	사	편	농	원	편	다	퍼	양	구	농	물	편
게	시	편	스	농	환	독	촌	동	기	마	퍼	캠	원	퍼
여	유	심	채	소	경	하	농	구	식	투	게	식	다	포
활	기	편	지	권	농	공	물	업	츠	즐	스	킹	그	활
가	농	기	속	도	여	기	식	하	도	마	마	봉	렵	낚
하	재	캠	가	독	휴	춤	부	과	권	성	임	퍼	임	렵
사	사	투	능	질	재	야	휴	학	스	장	스	휴	즐	퍼
투	휴	낚	한	병	물	춤	독	예	원	가	캠	뿜	원	즐

토양
비료
에너지
부식
연구
채소
질병
농업
농촌
지속 가능한
유기농
생태학
식물
생산
시스템
환경
오염
성장
과학

39 - Landschaften

퍼	독	진	사	봉	시	뽐	림	동	골	뽐	다	술	동	시
가	도	춤	물	호	구	도	시	퍼	짜	간	헐	천	술	야
츠	물	뽐	물	수	서	원	춤	공	기	활	킹	렵	편	늪
구	핑	동	다	물	수	원	동	퍼	게	도	재	예	임	핑
사	퍼	식	관	다	섬	도	독	반	법	관	법	게	스	만
식	마	포	진	서	포	캠	낚	도	도	사	농	기	포	편
진	게	퍼	렵	츠	렵	마	시	휴	여	임	권	렵	수	게
언	덕	법	퍼	물	원	가	여	마	봉	술	렵	산	빙	권
캠	캠	다	활	휴	춤	마	림	마	강	가	츠	화	활	퍼
츠	수	진	폭	포	휴	심	렵	식	가	독	투	림	서	가
오	아	시	스	바	심	관	대	권	해	변	핑	사	캠	다
구	이	물	게	서	다	독	토	도	물	재	스	독	뽐	퍼
식	관	낚	야	휴	사	원	동	사	막	림	물	수	도	편
이	하	식	빙	춤	기	물	굴	도	봉	활	휴	림	츠	심
동	퍼	하	수	하	독	야	하	구	핑	독	활	시	핑	킹

빙산
간헐천
빙하
반도
동굴
언덕
바다
오아시스

호수
해변
골짜기
동토대
화산
폭포
사막

40 - Abenteuer

어	기	편	재	준	마	소	새	로	운	렵	캠	여	마	특
려	임	야	농	비	동	킹	풍	법	다	기	캠	하	동	이
움	렵	쁨	츠	낚	동	캠	가	목	게	포	휴	편	놀	한
투	도	포	임	이	게	자	연	적	물	용	시	즐	라	험
하	항	해	투	서	렵	스	활	지	동	감	휴	도	운	위
관	심	관	림	그	포	가	식	원	식	여	츠	스	술	식
재	구	스	낚	핑	임	재	낚	츠	림	식	관	구	마	수
동	활	서	공	여	렵	캠	심	법	활	휴	법	권	즐	서
스	편	관	활	투	그	열	구	회	낚	츠	퍼	츠	진	게
마	활	재	여	동	림	원	광	기	쁨	구	서	물	공	독
공	사	휴	일	법	이	낚	수	독	포	가	공	휴	수	활
농	권	아	정	편	츠	공	핑	하	야	공	그	심	휴	그
낚	하	름	동	권	하	즐	서	임	림	봉	심	츠	독	렵
춤	휴	다	서	친	관	하	물	물	기	킹	가	츠	수	핑
안	전	움	물	구	원	이	시	춤	그	기	춤	편	봉	법

활동
소풍
열광
기회
기쁨
친구
위험한
자연
항해
새로운

일정
아름다움
어려움
안전
용감
특이한
놀라운
준비
목적지

41 - Flugzeuge

프	기	봉	임	도	게	식	공	그	탐	활	캠	농	물	퍼
로	독	심	포	핑	춤	설	계	기	색	게	재	낚	즐	춤
펠	도	기	구	원	사	건	그	위	야	사	심	시	킹	서
러	도	투	마	식	렵	츠	봉	분	하	동	도	마	예	승
물	여	시	서	도	풍	구	관	렵	수	가	역	사	독	무
술	낚	권	관	다	선	공	뽐	그	하	렵	투	종	이	원
츠	림	심	포	농	렵	사	공	다	예	고	봉	조	하	재
농	관	날	춤	킹	여	봉	투	심	술	원	도	야	늘	진
사	가	씨	봉	춤	심	그	임	휴	여	낚	킹	낚	독	핑
물	활	구	관	서	가	관	낚	엔	난	연	료	편	기	투
수	핑	여	심	진	즐	술	퍼	진	기	재	물	편	법	하
승	객	하	서	편	야	핑	킹	식	류	핑	다	술	수	소
사	렵	강	권	가	원	법	사	게	임	캠	시	시	캠	가
식	렵	야	가	즐	마	구	기	동	여	뽐	기	모	이	술
킹	포	퍼	그	투	서	뽐	예	편	예	편	핑	하	험	진

모험
하강
분위기
풍선
연료
승무원
설계
역사
하늘
고도

건설
공기
엔진
탐색
승객
조종사
프로펠러
난기류
수소
날씨

42 - Haartypen

서	활	진	가	대	식	농	게	이	렵	임	구	렵	활	활
편	즐	봉	도	머	낚	독	캠	마	마	스	법	법	사	스
얇	편	수	띠	리	머	농	낚	원	이	독	게	야	농	투
빛	은	여	심	퍼	춤	금	발	핑	관	구	그	예	재	공
나	권	킹	다	다	스	임	마	가	휴	투	임	마	관	츠
는	활	킹	서	예	독	이	른	임	재	츠	긴	예	즐	수
관	렵	건	강	한	물	물	기	투	이	캠	이	꼰	심	술
부	드	러	운	러	끄	매	시	원	여	가	독	춤	투	휴
권	활	재	꺼	춤	휴	회	뽐	재	스	스	림	수	핑	게
이	뽐	물	두	츠	캠	색	이	수	하	임	수	진	술	즐
법	포	원	하	재	마	뽐	갈	구	관	서	킹	진	게	독
봉	블	스	얀	공	여	여	권	킹	사	야	술	동	기	퍼
포	랙	기	여	서	퍼	게	법	핑	예	권	은	진	동	캠
즐	낚	스	림	수	츠	퍼	수	곱	여	가	공	짧	은	식
츠	뽐	킹	이	기	원	임	낚	슬	포	재	하	야	활	뽐

금발
갈색
두꺼운
얇은
건강한
매끄러운
빛나는
회색

대머리
짧은
곱슬
블랙
마른
부드러운
하얀
머리띠

43 - Essen #1

농	수	여	마	포	관	땅	킹	공	다	임	림	다	술	시
야	법	마	가	늘	림	콩	게	그	고	바	진	동	서	봉
핑	식	관	식	즐	낚	공	사	재	기	질	계	피	구	킹
관	우	유	관	재	도	수	포	야	딸	여	게	림	식	여
춤	캠	원	투	그	뽐	스	캠	구	진	뽐	식	진	권	렵
이	핑	편	설	탕	림	스	이	림	낚	춤	즐	양	파	가
츠	독	즐	그	법	원	킹	이	게	서	편	게	진	식	투
시	츠	사	주	식	독	동	가	심	가	진	사	배	식	다
권	금	소	스	시	진	야	예	순	하	핑	식	예	렵	렵
핑	사	치	참	물	이	서	샐	기	무	포	츠	레	몬	스
봉	포	편	춤	심	물	퍼	러	다	가	게	당	예	춤	휴
하	렵	예	기	스	수	농	드	수	프	법	근	다	포	마
캠	독	킹	커	피	림	시	뽐	포	서	그	농	시	도	휴
편	가	퍼	진	핑	이	구	원	게	킹	춤	도	시	예	봉
법	농	킹	봉	다	구	도	즐	공	예	재	스	렵	관	술

바질
딸기
땅콩
고기
커피
당근
마늘
우유
순무
주스

샐러드
소금
시금치
수프
참치
계피
레몬
설탕
양파

44 - Ethik

봉	심	내	인	류	림	기	도	동	여	가	봉	포	수	야
재	포	물	가	즐	가	도	친	절	구	임	권	기	낚	핑
재	농	편	법	즐	퍼	낚	시	서	가	권	렵	식	낚	이
지	츠	재	투	렵	농	동	수	구	활	기	리	휴	독	기
혜	재	야	츠	휴	심	림	킹	도	동	권	공	얼	연	민
시	춤	즐	핑	렵	마	춤	구	수	봉	이	동	물	리	투
이	원	동	여	동	사	구	농	투	그	타	사	스	기	즘
시	권	시	츠	존	엄	성	시	스	의	주	천	낙	포	포
낚	재	렵	원	림	가	가	스	관	스	의	주	인	개	휴
편	야	여	춤	그	포	핑	기	캠	시	합	게	술	하	원
독	킹	시	독	여	술	게	술	공	공	리	여	퍼	협	게
여	구	편	예	술	독	철	값	퍼	심	성	결	무	력	휴
서	봉	뽐	활	공	게	재	학	뽐	정	투	낚	핑	활	포
시	이	공	외	야	임	그	스	휴	직	합	리	적	인	렵
즐	공	차	교	츠	기	술	독	기	도	진	구	술	포	권

이타주의
외교
정직
친절
인내
개인주의
무결성
인류
연민

낙천주의
철학
합리성
리얼리즘
공차
합리적인
지혜
존엄성
협력

45 - Gebäude

슈	퍼	마	켓	극	농	포	림	법	츠	서	농	핑	수	림
여	공	렵	공	장	장	즐	여	핑	독	원	심	동	마	림
이	예	휴	관	기	공	쁨	다	동	퍼	편	헛	간	휴	기
재	낚	원	휴	경	심	그	핑	법	농	이	농	농	캠	여
대	대	학	투	그	원	봉	다	하	심	다	하	이	사	공
렵	사	이	도	이	구	동	심	서	렵	마	게	킹	수	즐
수	가	관	물	박	림	이	렵	시	텐	트	학	독	야	퍼
편	재	포	편	가	원	재	야	투	수	하	시	교	식	물
기	병	차	고	관	구	그	수	공	물	수	농	가	이	권
야	원	사	다	영	화	농	임	사	여	술	쁨	가	핑	술
호	텔	구	캐	여	그	실	술	원	다	캠	마	그	캠	권
구	물	기	빈	심	식	험	임	도	츠	렵	춤	법	렵	관
구	동	도	포	서	낚	실	재	공	킹	이	쁨	전	포	림
스	도	농	탑	편	재	심	포	여	호	스	텔	망	도	가
진	동	독	심	림	기	서	물	관	공	시	독	대	임	야

농장
대사관
공장
차고
호스텔
호텔
캐빈
영화
병원
실험실

박물관
전망대
헛간
학교
경기장
슈퍼마켓
극장
대학
텐트

46 - Mode

춤	재	재	비	구	독	캠	물	술	권	도	봉	여	예	캠
관	핑	법	싼	독	술	기	서	부	투	즐	활	춤	가	포
심	활	야	수	수	가	야	기	티	사	게	도	스	다	야
진	농	즐	휴	여	퍼	포	퍼	크	재	임	스	사	야	관
낚	예	재	식	게	게	핑	진	핑	휴	여	투	임	사	권
포	겸	편	츠	기	서	공	캠	간	활	원	퍼	봉	다	독
게	손	퍼	가	농	진	법	여	단	킹	실	편	수	술	재
레	한	교	정	경	스	활	츠	한	자	농	용	하	가	물
이	물	의	서	향	권	재	투	아	수	식	낚	적	원	공
스	조	류	예	법	도	사	게	우	관	일	관	사	인	원
법	직	심	버	튼	독	권	뽐	편	예	원	타	포	야	예
원	낚	핑	다	시	렵	그	다	미	니	멀	리	스	트	하
츠	본	법	낚	편	하	렵	게	야	원	게	림	여	기	여
퍼	휴	예	휴	가	핑	현	대	마	무	즐	독	구	하	공
권	동	그	야	캠	퍼	관	도	법	늬	서	관	권	편	술

정교한
겸손한
부티크
간단한
우아한
의류
미니멀리스트
현대
무늬

원본
실용적인
레이스
자수
스타일
버튼
비싼
조직
경향

47 - Angeln

도	마	림	렵	배	즐	법	투	편	하	편	바	킹	츠	낚
게	사	호	관	마	야	마	뽐	림	서	진	구	렵	동	농
동	게	수	구	킹	동	무	뽐	야	이	재	니	해	변	편
림	식	렵	츠	킹	진	게	물	원	대	아	가	미	권	캠
도	시	그	구	킹	심	훅	그	다	기	양	도	관	농	임
수	식	마	휴	법	투	심	퍼	다	야	편	투	재	서	그
기	수	투	여	기	이	농	서	여	킹	진	구	가	계	퍼
하	게	사	마	과	수	지	물	림	관	림	핑	이	절	그
심	예	강	비	장	킹	느	공	권	마	퍼	활	미	렵	이
예	야	이	권	사	캠	러	캠	편	농	캠	구	끼	다	독
퍼	활	물	물	하	투	미	하	식	저	울	구	시	도	야
봉	사	렵	관	핑	원	가	킹	투	도	법	임	관	캠	법
수	공	춤	원	뽐	심	심	뽐	예	가	핑	사	동	핑	법
게	즐	시	핑	진	기	즐	핑	포	턱	봉	사	즐	휴	림
가	임	핑	임	물	인	내	권	기	휴	농	편	철	사	가

장비
철사
지느러미
인내
무게
계절
아가미

바구니
미끼
대양
호수
해변
과장
저울

48 - Essen #2

하	투	아	몬	드	법	진	체	리	하	킹	퍼	원	재	포
츠	활	원	버	츠	킹	이	봉	도	초	심	게	재	예	사
편	핑	편	섯	쌀	휴	낚	술	하	콜	사	술	낚	구	서
여	캠	구	재	핑	도	봉	식	포	릿	서	포	진	법	공
셀	가	핑	츠	춤	즐	이	낚	림	예	법	가	스	그	가
러	기	법	물	하	포	수	계	춤	포	원	지	구	이	킹
리	크	초	티	아	사	과	란	공	투	렵	그	독	게	스
게	캠	공	시	법	스	물	가	기	림	구	농	심	투	마
바	진	시	임	사	물	파	치	즈	활	원	심	하	임	낚
림	나	포	림	킹	봉	활	라	트	사	수	물	활	렵	편
가	렵	나	구	봉	렵	독	진	거	권	수	법	고	수	재
법	식	예	춤	원	시	림	스	요	스	재	구	활	기	권
술	구	킹	휴	야	법	핑	투	낚	춤	독	야	가	쁨	쁨
토	마	토	그	재	수	구	쁨	밀	원	캠	캠	법	독	포
브	로	콜	리	낚	공	편	법	쁨	빵	진	수	투	햄	시

사과
아티초크
가지
바나나
브로콜리
계란
물고기
요거트
치즈
체리
아몬드
버섯
초콜릿
셀러리
아스파라거스
토마토

49 - Energie

활	다	뽐	구	예	킹	물	킹	관	이	심	법	배	터	리
술	원	다	디	동	구	진	편	심	모	핵	열	뽐	시	술
권	봉	스	젤	포	여	농	휴	관	터	뽐	림	여	림	기
가	림	뽐	도	핑	물	투	재	공	킹	뽐	도	기	츠	재
봉	핑	핑	재	봉	심	독	예	하	물	다	관	기	농	휴
권	공	퍼	관	태	법	수	농	수	킹	게	능	가	생	재
연	임	봉	봉	가	양	낚	바	람	휴	포	핑	솔	권	그
림	료	마	퍼	식	임	재	오	염	여	관	기	린	핑	핑
렵	포	심	렵	마	편	원	렵	물	츠	서	휴	림	진	림
야	술	예	즐	춤	킹	퍼	관	낚	물	여	구	공	휴	포
그	독	임	공	산	야	권	사	춤	퍼	수	진	독	마	즐
포	식	도	낚	퍼	업	야	터	빈	츠	하	농	농	식	퍼
기	여	임	구	캠	마	예	광	자	수	엔	트	로	피	술
전	자	환	탄	소	진	킹	동	마	소	물	독	기	여	물
편	관	경	림	진	낚	즐	킹	퍼	관	서	여	포	다	이

배터리
가솔린
연료
디젤
전기
전자
엔트로피
재생 가능
산업
탄소
모터
광자
태양
터빈
환경
오염
수소
바람

50 - Familie

어	사	춤	식	농	공	서	심	편	원	츠	수	농	니	어
여	린	그	법	이	마	임	심	구	관	그	형	하	머	머
물	다	시	봉	림	지	낚	뽐	춤	퍼	가	포	스	할	니
봉	공	킹	절	렵	버	가	가	임	마	봉	공	핑	아	마
편	독	도	삼	부	아	내	조	카	게	캠	구	진	버	식
술	츠	야	촌	계	킹	권	선	수	춤	임	재	도	지	게
스	핑	기	휴	심	투	낚	휴	야	퍼	포	휴	자	매	공
관	여	심	츠	핑	편	예	식	구	도	임	농	손	성	원
활	사	춤	렵	활	서	독	농	임	물	재	투	아	모	즐
임	츠	춤	즐	예	휴	예	휴	농	여	딸	카	조	이	권
이	낚	관	다	편	농	다	사	봉	춤	투	식	진	법	퍼
공	캠	게	공	동	진	야	관	시	임	사	촌	술	임	다
여	스	가	핑	남	농	게	핑	포	관	독	가	킹	여	심
춤	그	하	예	림	편	낚	편	기	핑	그	재	물	관	심
재	낚	식	스	독	활	농	다	퍼	야	스	심	여	봉	식

아내
남편
손자
할머니
할아버지
아이
어린 시절
어머니
모성
조카
조카딸
삼촌
자매
이모
아버지
부계
사촌
선조

51 - Pflanzen

다	임	비	기	휴	물	임	임	임	스	즐	아	공	진	동
예	이	농	료	수	권	렵	킹	법	술	기	이	이	잎	꽃
기	서	여	야	킹	츠	초	목	진	포	다	비	끼	기	사
킹	활	임	야	포	권	심	렵	그	시	시	임	캠	게	기
가	진	캠	베	리	예	게	마	관	술	활	활	투	꽃	수
구	관	원	포	뿌	공	권	식	물	학	술	재	이	즐	물
예	심	부	시	구	시	캠	물	편	마	편	나	즐	퍼	심
선	인	장	활	재	츠	편	야	농	심	임	츠	무	나	대
츠	기	여	다	킹	수	핑	하	편	편	렵	봉	공	권	콩
서	킹	수	수	숲	낚	림	마	그	뽐	원	투	임	캠	원
법	서	포	야	여	진	임	식	플	로	라	편	게	서	예
관	임	다	하	수	림	츠	스	춤	예	림	술	임	뽐	렵
수	투	임	활	도	이	봉	서	독	림	물	렵	그	서	권
츠	공	진	핑	게	하	림	심	태	농	사	관	게	예	사
춤	원	퍼	봉	잔	디	정	원	양	임	구	재	게	시	뽐

대나무
나무
베리
꽃잎
식물학
부시
비료
아이비
플로라
정원
잔디
선인장
이끼
태양
초목
뿌리

52 - Gewürze

법	동	투	활	도	구	쁨	쁨	활	즐	게	기	쁨	츠	가
생	강	관	활	권	그	동	식	활	핑	여	츠	이	예	커
임	아	다	사	도	공	맛	예	소	즐	쁨	춤	동	즐	민
관	니	여	사	재	춤	즐	재	금	캠	편	스	투	임	낚
임	스	수	핑	쁨	마	투	마	춤	파	양	후	봉	재	사
쁨	술	진	핑	법	투	임	수	렵	프	킹	추	림	도	기
다	츠	관	즐	스	포	이	원	식	리	임	포	봉	캠	동
공	시	법	그	림	즐	쓴	다	마	카	달	콤	한	공	그
도	독	법	여	진	쁨	츠	츠	퍼	늘	원	편	퍼	계	쁨
사	프	란	진	봉	수	권	마	낚	야	관	휴	하	여	피
농	예	공	스	식	다	몸	다	르	카	레	심	쁨	포	킹
감	이	투	이	관	즐	술	구	관	시	림	기	렵	여	술
초	독	임	바	술	시	스	임	회	향	시	렵	육	두	구
물	핑	법	가	닐	마	캠	도	퍼	정	포	재	봉	렵	킹
포	동	림	봉	그	라	투	다	그	독	포	진	쁨	법	예

아니스
카레
회향
생강
카르다몸
마늘
커민
감초
육두구
정향
파프리카
후추
사프란
소금
달콤한
바닐라
계피
양파

53 - Kreativität

권	유	구	기	극	도	임	휴	이	수	물	구	강	춤	기
심	동	물	술	쁨	적	사	예	여	그	공	식	렬	퍼	도
수	성	하	권	여	사	인	술	이	가	예	캠	함	동	농
기	권	활	확	식	포	이	적	선	자	발	적	인	시	게
츠	핑	공	동	실	동	권	임	명	구	활	시	수	활	서
권	편	술	쁨	춤	성	휴	렵	도	활	스	렵	포	예	즐
식	영	가	기	쁨	기	원	권	그	봉	활	시	정	감	임
농	감	마	낚	관	가	농	독	활	게	퍼	법	사	각	공
즐	법	스	게	동	서	하	구	수	낚	서	이	렵	림	직
인	도	핑	낚	춤	사	사	활	력	사	임	임	시	기	관
렵	상	사	춤	도	가	도	투	임	법	농	서	공	수	식
하	영	농	킹	진	렵	편	도	아	이	디	어	공	관	기
권	동	법	예	다	독	물	이	쁨	림	즐	수	공	스	포
도	식	캠	스	식	기	렵	권	스	심	춤	발	명	가	도
쁨	야	식	법	임	캠	마	춤	물	림	상	상	력	비	전

확실성
영상
극적인
인상
발명
기술
유동성
감정
아이디어
영감
강렬함
직관
선명도
예술적
상상력
감각
자발적인
비전
활력

54 - Geschäft

공	야	원	공	가	즐	예	마	즐	고	쁨	법	시	수	림
서	휴	봉	원	학	관	리	자	원	용	캠	렵	즐	스	다
포	공	권	활	제	그	공	투	캠	주	할	인	포	다	퍼
포	가	장	여	경	시	츠	편	핑	공	춤	재	관	독	관
돈	포	판	매	력	포	재	편	여	춤	도	투	동	물	캠
원	이	그	즐	그	심	기	봉	그	마	가	도	원	그	권
봉	비	낚	농	게	가	야	물	이	여	도	춤	휴	독	진
즐	용	야	즐	봉	게	캠	이	거	래	예	사	농	림	야
심	림	식	춤	림	춤	포	상	익	렵	산	식	법	츠	마
렵	구	캠	세	금	봉	그	술	품	투	봉	물	법	봉	퍼
캠	예	쁨	스	퍼	동	스	술	관	농	재	렵	물	휴	야
공	기	서	관	게	스	사	무	실	도	수	다	기	다	가
봉	투	소	식	편	포	직	원	식	도	예	물	가	동	즐
서	독	득	원	공	편	예	독	관	봉	독	스	통	화	시
서	춤	진	스	투	식	퍼	시	즐	그	활	쁨	술	가	농

고용주
예산
사무실
소득
공장
가게
이익
투자
경력
비용

관리자
직원
할인
세금
거래
판매
상품
통화
경제학

55 - Ingenieurwesen

구	활	포	진	물	건	설	진	도	게	가	사	봉	레	버
그	핑	시	낚	퍼	투	편	공	술	츠	기	포	림	법	이
예	가	권	렵	캠	야	농	포	기	어	계	수	핑	구	야
사	물	동	여	구	원	다	법	투	법	물	물	츠	뽐	도
계	여	캠	수	기	캠	물	수	이	수	도	춤	츠	편	표
마	산	츠	즐	서	공	하	식	림	투	힘	축	도	공	권
술	에	림	다	킹	진	캠	가	가	심	편	츠	마	즐	활
여	너	깊	이	분	림	예	예	농	수	캠	봉	액	여	뽐
름	지	하	재	수	포	시	도	핑	가	투	게	퍼	체	구
안	정	성	물	츠	수	다	휴	추	진	캠	뽐	심	캠	조
도	활	시	캠	공	재	시	물	츠	춤	봉	구	재	예	수
캠	재	서	이	심	킹	권	구	킹	활	그	술	원	공	관
야	퍼	퍼	식	심	뽐	도	휴	시	심	야	기	기	봉	심
측	정	식	디	젤	퍼	식	활	농	투	킹	렵	다	서	공
모	터	각	도	도	야	동	진	시	권	킹	마	하	공	원

추진
계산
도표
디젤
지름
에너지
액체
기어
레버

건설
기계
측정
모터
안정성
구조
깊이
분포
각도

56 - Gemüse

관	츠	구	독	생	진	사	춤	동	츠	하	동	법	림	춤
투	림	편	낚	활	강	수	법	여	서	버	원	사	공	공
아	티	초	크	샐	러	드	감	자	야	다	섯	즐	포	스
뽐	기	진	예	관	낚	캠	구	올	식	가	여	즐	여	도
마	늘	시	마	도	당	시	즐	리	슬	파	휴	사	림	봉
렵	구	공	퍼	이	근	여	금	브	이	양	원	동	낚	사
시	야	농	그	포	시	하	예	치	예	림	캠	다	가	지
캠	재	수	권	기	봉	이	순	권	물	하	스	이	퍼	투
즐	야	토	마	토	진	기	무	마	물	킹	하	하	시	원
완	권	원	가	가	이	물	임	이	농	핑	야	권	법	뽐
두	물	서	임	투	농	캠	뽐	야	츠	가	브	로	콜	리
콩	관	법	가	핑	진	퍼	재	법	오	이	공	즐	퍼	그
봉	물	춤	봉	술	다	휴	구	봉	권	캠	투	캠	독	도
킹	수	춤	진	핑	셀	러	리	관	다	공	식	투	낚	즐
원	이	렵	스	스	호	박	콜	리	플	라	워	다	구	농

아티초크
가지
콜리플라워
브로콜리
완두콩
오이
생강
당근
감자
마늘

호박
올리브
파슬리
버섯
순무
샐러드
셀러리
시금치
토마토
양파

57 - Schönheit

마	낚	독	시	렵	색	관	림	권	서	은	혜	츠	스	렵
권	기	품	심	구	원	림	렵	여	림	사	임	도	포	낚
포	토	제	닉	활	렵	임	재	기	하	이	킹	동	임	이
게	투	츠	스	츠	관	관	구	화	장	품	피	부	식	퍼
캠	포	기	식	뽐	농	가	재	예	권	기	수	낚	렵	게
매	끄	러	운	서	농	임	림	캠	기	유	화	진	낚	술
샴	캠	술	가	기	즐	캠	츠	낚	도	가	권	마	진	활
다	푸	수	봉	라	거	울	법	우	아	농	이	퍼	츠	재
마	기	춤	립	카	편	공	렵	매	력	향	독	캠	여	즐
활	서	동	물	스	포	도	캠	핑	물	기	원	즐	심	독
공	농	문	임	마	틱	임	원	도	퍼	츠	권	낚	스	투
활	그	장	우	기	서	봉	심	물	가	스	림	이	투	야
서	위	가	아	권	물	츠	게	게	기	예	공	구	활	마
야	비	공	한	여	권	재	봉	핑	그	시	여	포	그	편
렵	뽐	스	츠	임	야	야	그	기	하	수	이	뽐	봉	퍼

은혜
매력
서비스
향기
우아한
우아
포토제닉
매끄러운
피부
화장품
립스틱
유화
제품
가위
샴푸
거울
문장가
마스카라

58 - Tanzen

파	트	너	공	이	원	스	츠	학	사	감	나	권	게	술
예	이	심	킹	법	편	은	시	원	동	정	타	동	진	서
다	춤	동	시	봉	휴	진	혜	이	편	물	내	권	하	하
스	구	심	심	캠	낚	진	뽐	가	원	활	는	심	권	수
야	봉	음	하	심	전	통	적	법	렵	그	낚	투	시	하
핑	활	리	악	공	고	봉	퍼	재	낚	운	동	낚	각	활
예	가	허	몸	기	동	재	투	포	활	핑	가	구	활	봉
포	사	설	독	가	춤	안	캠	사	농	서	뽐	농	공	킹
캠	캠	식	투	리	즐	무	핑	포	관	포	스	하	식	여
사	즐	렵	여	듬	퍼	캠	문	원	하	춤	독	예	시	뽐
예	휴	도	심	스	즐	구	가	화	농	봉	임	도	재	스
낚	편	활	림	물	독	즐	뽐	서	진	원	투	츠	야	캠
야	자	세	수	뽐	재	캠	투	도	이	물	활	림	츠	다
즐	거	운	가	츠	예	관	츠	임	예	핑	스	공	공	퍼
여	권	여	동	가	춤	포	봉	활	술	편	캠	가	림	킹

학원
은혜
나타내는
운동
안무
감정
즐거운
자세
고전
문화
예술
음악
파트너
리허설
리듬
전통적
시각

59 - Ernährung

법	춤	품	다	건	심	뽐	하	용	식	즐	물	사	스	임
관	심	질	소	강	활	투	법	춤	욕	퍼	서	도	예	시
그	이	백	화	한	원	포	술	이	킹	하	하	시	시	재
기	마	단	야	게	원	임	수	핑	독	수	권	비	리	스
춤	다	소	스	원	도	킹	낚	동	소	사	공	타	얼	춤
다	낚	수	진	독	칼	로	리	춤	봉	퍼	사	민	공	공
림	이	건	강	캠	림	휴	마	핑	수	구	물	심	동	식
임	서	어	공	원	진	마	투	공	무	원	츠	캠	뽐	여
영	낚	킹	트	마	예	편	퍼	뽐	시	게	탄	수	화	물
양	봉	하	도	편	마	진	원	포	공	권	휴	공	심	예
소	포	림	구	맛	게	춤	편	다	야	즐	활	발	농	하
렵	휴	봉	봉	동	독	관	진	사	여	동	스	핑	효	농
독	이	공	구	이	법	도	핑	물	권	게	게	법	게	시
쓴	농	림	도	가	균	형	잡	힌	임	원	마	캠	킹	농
동	휴	봉	즐	심	법	핑	춤	게	서	독	식	재	서	심

식욕
균형 잡힌
다이어트
식용
발효
건강한
건강
시리얼
무게

칼로리
탄수화물
영양소
단백질
품질
소스
독소
소화
비타민

60 - Länder #1

이	춤	농	원	물	이	낚	킹	활	포	노	캠	진	핀	투
라	포	도	시	캄	도	그	게	하	시	포	르	드	란	폴
크	마	술	공	보	물	말	킹	독	식	기	도	웨	드	킹
낚	뽐	활	캠	디	춤	리	구	야	투	시	공	식	이	투
예	편	식	도	아	게	술	그	진	식	루	원	구	세	림
기	수	공	활	다	비	여	그	관	식	서	마	편	네	수
스	동	동	시	뽐	임	트	과	도	캠	남	도	니	갈	법
스	페	인	베	네	수	엘	라	이	집	트	마	즐	아	즐
게	가	춤	핑	가	그	라	카	농	서	베	물	사	봉	재
야	다	서	진	심	게	스	니	이	심	활	편	원	시	진
관	권	그	낚	포	여	이	예	탈	스	편	킹	식	투	심
인	도	이	하	낚	마	술	심	리	캐	나	다	기	게	사
식	임	관	여	즐	수	예	즐	아	원	권	킹	림	브	독
그	활	휴	야	투	킹	다	렵	림	임	휴	독	일	라	시
도	농	게	마	스	츠	그	관	투	낚	킹	봉	관	질	식

이집트
브라질
독일
핀란드
인도
이라크
이스라엘
이탈리아
캄보디아
캐나다

라트비아
말리
니카라과
노르웨이
폴란드
루마니아
세네갈
스페인
베네수엘라
베트남

61 - Technologie

야	디	츠	소	임	연	기	캠	독	독	다	관	림	가	상
도	지	퍼	춤	프	구	스	봉	법	휴	킹	데	낚	가	렵
게	털	스	마	뽐	트	투	편	킹	관	관	스	이	휴	원
춤	야	킹	수	캠	이	웨	게	가	예	캠	편	뽐	터	마
렵	기	공	핑	마	바	뽐	어	시	도	춤	츠	퍼	동	서
다	핑	하	심	기	활	서	수	사	활	농	마	시	즐	도
퍼	심	이	식	시	다	이	렵	킹	원	포	독	뽐	퍼	예
하	게	하	술	캠	춤	임	독	편	편	구	시	권	기	시
림	킹	권	도	사	휴	진	야	블	로	그	컴	퓨	터	포
서	독	보	독	권	춤	식	이	핑	바	퍼	킹	서	서	원
진	통	계	안	브	라	우	저	글	이	뽐	농	물	즐	츠
렵	하	봉	렵	서	공	메	즐	꼴	러	커	서	법	식	림
원	관	즐	킹	사	츠	시	렵	파	스	물	하	그	뽐	공
인	터	넷	포	마	기	지	야	일	물	수	서	화	킹	춤
카	메	라	투	핑	서	그	림	농	관	투	봉	면	여	임

화면
블로그
브라우저
바이트
컴퓨터
커서
파일
데이터
디지털
연구
인터넷
카메라
메시지
글꼴
보안
소프트웨어
통계
가상
바이러스

62 - Science Fiction

다	대	동	핑	다	원	도	서	심	퍼	사	디	마	공	술
츠	본	예	시	스	즐	포	독	야	그	진	스	기	먼	춤
세	동	기	낚	물	그	신	렵	마	뽐	원	토	낚	술	기
계	봉	활	원	유	야	비	퍼	구	진	도	피	시	게	기
예	즐	독	진	진	토	한	그	시	편	낚	아	편	편	농
투	행	기	구	이	스	피	킹	구	포	환	야	물	원	이
낚	성	림	재	시	봉	이	아	인	적	상	환	여	사	농
폭	발	심	마	가	서	투	식	권	물	봉	다	시	심	핑
하	원	휴	기	휴	식	하	렵	서	퍼	물	편	사	동	휴
활	미	래	기	츠	투	활	다	상	진	공	사	그	포	그
권	사	도	물	캠	구	예	이	법	상	편	시	그	즐	춤
은	로	봇	림	뽐	포	캠	킹	림	서	의	시	물	책	시
하	공	임	관	핑	오	불	즐	공	영	렵	핑	야	게	수
권	뽐	임	심	법	라	질	물	학	화	킹	서	임	림	편
수	하	츠	편	권	클	하	관	임	이	스	휴	권	야	수

화학 물질
디스토피아
폭발
환상적인
미래
은하
신비한
환상
상상의

영화
오라클
행성
로봇
대본
기술
유토피아
세계

63 - Literatur

휴	물	진	독	리	뽐	도	심	하	예	여	주	제	휴	하
시	운	뽐	동	듬	여	휴	재	림	봉	법	사	임	법	진
그	가	수	마	야	하	소	설	하	게	캠	츠	임	다	퍼
림	내	은	유	게	게	하	서	장	권	전	포	활	기	심
림	재	레	사	시	사	서	도	르	가	렵	기	임	캠	공
도	술	캠	이	휴	게	게	가	캠	스	공	재	설	명	봉
가	도	임	렵	터	술	하	분	퍼	타	이	즐	림	농	예
식	서	여	포	법	공	림	법	석	일	다	농	그	여	술
춤	마	마	서	렵	투	가	진	휴	이	수	낚	심	비	여
시	임	퍼	권	관	그	낚	가	저	하	동	휴	렵	극	대
적	권	구	림	하	봉	그	법	자	식	휴	여	휴	춤	화
그	수	술	편	법	활	편	공	즐	춤	퍼	렵	포	캠	일
림	다	킹	공	츠	가	식	관	사	캠	농	킹	권	서	재
사	기	활	여	비	법	결	론	심	동	농	서	투	하	진
기	퍼	유	추	교	재	임	게	편	식	다	그	물	술	진

유추
분석
일화
저자
설명
전기
대화
내레이터
장르

은유
시적
리듬
소설
결론
스타일
주제
비극
비교

64 - Wandern

동	다	즐	서	핑	물	캠	관	봉	술	즐	수	관	권	편
캠	핑	이	림	기	후	부	츠	진	포	편	지	도	사	술
피	곤	한	마	사	춤	투	투	투	마	킹	진	기	물	활
사	림	재	봉	무	독	낚	야	구	낚	공	술	그	봉	물
낭	떠	러	지	수	거	봉	야	뿜	농	물	독	편	준	여
이	진	예	여	도	태	운	자	연	츠	가	동	핑	비	야
관	법	포	정	마	휴	양	야	즐	그	마	편	관	봉	진
낚	마	기	독	위	서	밋	산	사	농	즐	활	킹	다	예
마	임	술	즐	재	캠	퍼	예	법	퍼	물	구	가	킹	춤
식	임	야	시	다	도	여	다	농	권	여	춤	도	도	관
야	캠	그	서	다	법	하	활	식	여	휴	하	하	농	서
술	춤	심	하	춤	여	예	예	활	동	동	임	위	퍼	서
수	야	진	활	춤	식	심	관	가	휴	킹	술	험	가	임
예	서	임	스	날	게	핑	게	이	렵	수	동	물	야	식
봉	권	구	식	씨	권	법	독	드	돌	투	킹	술	생	하

캠핑
가이드
위험
서밋
지도
기후
낭떠러지
피곤한
자연
정위
무거운
태양
부츠
동물
준비
날씨
야생

65 - Globale Erwärmung

편	야	퍼	그	다	법	핑	여	정	도	입	그	관	임	재
사	휴	구	봉	여	권	뽐	농	부	하	법	진	법	구	뽐
즐	하	임	환	경	낚	가	독	데	이	터	구	사	츠	권
지	너	에	북	농	투	물	투	렵	뽐	츠	술	그	식	시
공	금	임	휴	극	휴	츠	재	츠	물	춤	킹	춤	뽐	수
스	재	원	농	핑	퍼	킹	심	법	봉	다	포	인	활	투
이	하	사	투	다	춤	여	림	캠	여	사	기	농	구	캠
권	독	기	식	수	예	춤	그	과	학	자	미	래	사	권
그	츠	물	산	재	진	사	식	구	포	스	림	낚	휴	렵
온	주	의	업	낚	가	츠	원	휴	가	식	마	물	개	휴
도	원	편	봉	시	게	마	야	봉	스	기	후	휴	발	포
여	편	예	즐	퍼	투	뽐	서	위	기	세	대	독	마	식
도	여	식	투	하	술	스	식	임	야	봉	뽐	편	예	공
시	관	재	임	그	국	제	지	심	권	활	스	수	이	농
핑	재	게	이	예	핑	다	퍼	뽐	식	뽐	포	구	술	즐

북극
주의
인구
데이터
에너지
개발
가스
세대
입법
산업

국제
지금
기후
위기
서식지
정부
온도
환경
과학자
미래

66 - Länder #2

림	가	림	원	렵	림	술	예	킹	법	캠	사	퍼	식	물
춤	라	티	독	캠	활	시	기	임	즐	포	기	수	심	활
림	카	이	메	자	드	활	렵	낚	투	진	그	구	퍼	낚
핑	법	아	베	기	랜	우	간	다	하	가	투	시	활	낚
포	식	리	술	리	일	공	캠	킹	스	시	렵	봉	독	기
활	시	지	술	법	아	니	바	알	이	시	츠	물	핑	임
프	나	이	라	크	우	그	가	법	다	여	림	렵	서	독
퍼	랑	나	기	낚	멕	법	임	투	츠	킹	포	공	심	시
수	도	스	투	그	시	캠	렵	활	서	시	재	킹	그	도
단	기	게	공	술	코	핑	스	원	스	기	예	동	활	스
뽐	관	림	일	케	사	츠	동	킹	즐	동	물	법	다	농
공	그	기	본	냐	법	구	관	핑	도	구	활	스	하	임
활	야	림	러	림	다	네	팔	농	법	게	즐	뽐	춤	재
파	키	스	탄	시	라	오	스	구	하	임	사	진	식	진
에	티	오	피	아	아	시	리	아	그	리	스	술	공	독

알바니아
에티오피아
프랑스
그리스
아이티
아일랜드
자메이카
일본
케냐
라오스
라이베리아
멕시코
네팔
나이지리아
파키스탄
러시아
수단
시리아
우간다
우크라이나

67 - Fahrzeuge

림	서	독	나	투	수	하	림	독	술	즐	지	마	술	활
원	트	즐	룻	여	재	렵	버	동	도	물	사	하	진	공
다	럭	술	배	즐	도	로	스	구	재	투	츠	관	철	시
임	진	마	구	택	진	켓	예	급	낚	헬	재	여	이	권
그	투	기	퍼	시	여	림	다	차	즐	리	원	물	독	춤
공	진	투	서	림	가	농	뽐	기	봉	콥	춤	사	재	뽐
시	그	시	임	포	킹	다	예	배	뽐	터	진	동	다	동
술	임	다	시	예	서	마	편	관	수	술	자	전	거	심
진	이	그	스	뽐	공	심	그	스	활	이	활	재	물	심
춤	서	캠	쿠	가	활	권	휴	트	그	츠	즐	뽐	기	동
즐	하	뗏	터	임	봉	임	림	포	랙	원	활	편	여	마
시	여	목	춤	활	킹	게	시	서	서	터	진	식	심	츠
비	수	퍼	뽐	캠	사	포	다	마	렵	츠	림	타	이	어
재	행	잠	수	함	차	모	가	재	게	술	캐	러	밴	공
공	킹	기	림	다	봉	터	여	진	그	림	가	물	야	킹

버스
자전거
나룻배
뗏목
비행기
헬리콥터
구급차
트럭
모터

로켓
타이어
스쿠터
택시
트랙터
지하철
잠수함
캐러밴
기차

68 - Musikinstrumente

춤	독	색	츠	임	재	동	하	피	농	임	춤	가	활	포
하	임	활	소	술	기	봉	모	포	아	오	보	에	다	그
프	봉	낚	핑	폰	휴	봉	니	재	이	노	편	뺌	원	진
킹	스	식	구	식	기	물	카	공	관	스	하	물	투	킹
림	하	동	징	농	마	서	북	법	춤	예	임	다	기	예
사	다	서	마	진	야	구	독	동	여	예	포	다	관	독
술	독	그	독	예	물	임	법	원	가	춤	법	핑	춤	서
첼	로	그	농	공	법	동	춤	기	수	즐	림	핑	술	그
봉	농	펫	만	도	법	관	봉	법	심	퍼	밴	조	하	법
퍼	시	럼	돌	여	가	활	타	기	편	렵	스	그	이	농
플	루	트	린	시	독	여	악	수	림	다	심	츠	춤	동
바	클	라	리	넷	스	퍼	기	바	이	올	린	버	탬	독
수	순	사	술	낚	원	기	차	수	야	뺌	술	포	포	즐
춤	킹	원	게	임	핑	원	임	야	휴	심	핑	동	원	그
활	재	트	롬	본	공	가	포	마	휴	춤	술	봉	시	진

밴조
첼로
바순
플루트
바이올린
기타
차임
하프
클라리넷
피아노
만돌린
하모니카
오보에
트롬본
색소폰
타악기
탬버린
트럼펫

69 - Blumen

재	서	림	술	킹	공	모	란	투	양	장	기	임	임	야
츠	스	캠	플	루	메	리	아	활	귀	미	술	게	봉	포
사	커	민	튤	핑	츠	킹	즐	공	비	그	마	봉	뽐	츠
권	스	낚	립	치	자	난	공	물	수	포	즐	원	구	예
렵	비	잎	휴	서	림	초	독	퍼	휴	구	핑	농	퍼	하
동	히	꽃	낚	도	하	구	캠	물	캠	봉	수	민	킹	백
목	휴	다	하	캠	휴	사	해	바	라	기	서	춤	들	합
련	데	발	농	투	구	서	핑	클	로	버	수	공	서	레
투	이	물	재	진	서	서	게	퍼	춤	권	관	캠	농	기
봉	지	포	락	킹	활	편	투	이	퍼	구	렵	낚	구	활
즐	관	킹	일	예	휴	공	낚	핑	다	하	게	진	진	그
술	구	봉	라	캠	즐	임	이	낚	핑	편	캠	구	낚	물
킹	법	물	편	벤	스	독	마	킹	스	포	술	구	식	림
봉	림	예	사	포	더	사	즐	휴	예	이	가	퍼	독	법
이	츠	캠	포	투	독	식	여	봉	재	휴	츠	캠	이	핑

꽃잎
치자
데이지
히비스커스
재스민
클로버
라벤더
라일락
백합
민들레
목련
양귀비
난초
모란
플루메리아
장미
해바라기
꽃다발
튤립

70 - Natur

수	물	진	관	휴	마	렵	예	가	다	관	츠	산	사	고
야	생	핑	독	캠	식	구	농	잎	빙	하	아	숲	식	요
낚	예	독	열	즐	림	낚	춤	하	사	퍼	원	름	야	한
춤	술	봉	대	게	임	공	활	관	킹	게	봉	도	다	예
예	수	하	법	진	여	사	활	구	이	적	강	게	서	움
야	봉	림	렵	핑	독	봉	휴	꿀	벌	동	물	가	서	봉
원	마	스	기	야	그	여	투	이	기	진	물	포	야	휴
스	게	스	야	원	킹	술	여	평	화	로	운	수	수	물
동	원	마	다	수	기	관	법	활	동	휴	스	마	물	편
수	농	예	부	킹	렵	서	물	수	야	술	농	진	가	가
사	막	뽐	식	동	마	킹	편	법	게	성	물	구	킹	킹
권	도	킹	야	서	핑	심	킹	편	봉	역	다	퍼	름	관
활	다	서	림	구	기	심	심	동	야	캠	관	다	원	법
안	개	핑	구	임	츠	술	재	북	극	렵	하	사	림	술
봉	임	기	낚	퍼	마	투	퍼	가	킹	독	권	킹	스	농

북극
꿀벌
동적
부식
평화로운
빙하
성역
고요한

안개
아름다움
동물
열대
야생
구름
사막

71 - Urlaub #2

이	림	츠	츠	바	캠	권	즐	가	게	다	행	여	권	낚
농	다	택	편	다	핑	퍼	투	스	기	렵	포	림	활	시
동	법	시	해	변	외	림	수	편	차	캠	렵	공	여	시
핑	이	다	임	렵	국	수	편	예	관	농	편	권	가	킹
식	법	퍼	농	포	의	텐	트	킹	낚	포	서	도	도	핑
하	캠	섬	킹	법	법	뺨	춤	도	봉	예	뺨	활	시	킹
뺨	사	원	여	기	림	임	독	휴	동	뺨	가	게	동	권
비	교	통	렵	수	시	야	낚	도	이	공	림	스	이	이
츠	자	마	뺨	야	퍼	서	법	퍼	식	진	원	물	마	스
그	이	하	츠	캠	편	예	공	여	재	물	예	동	게	관
하	퍼	기	렵	하	관	호	텔	게	도	춤	다	휴	즐	관
외	국	인	낚	식	휴	핑	휴	심	수	그	다	포	즐	재
포	시	목	휴	당	공	캠	츠	물	림	독	킹	킹	가	구
지	기	적	도	휴	일	항	임	여	수	시	예	야	이	휴
휴	도	지	투	독	독	즐	서	독	퍼	관	편	다	스	마

외국인
외국의
캠핑
공항
여가
호텔
지도
바다
여권
여행

식당
해변
택시
교통
휴일
비자
텐트
목적지
기차

72 - Barbecues

임	투	어	린	이	즐	기	관	기	시	춤	이	캠	스	편
구	수	구	편	게	구	농	법	샐	러	드	시	임	권	관
그	심	게	관	다	여	포	뜨	거	운	구	점	여	가	이
스	굶	주	림	편	후	추	농	구	물	원	심	투	름	식
소	채	술	활	투	원	즐	권	스	낚	춤	퍼	렵	사	활
춤	금	다	동	킹	핑	다	사	과	그	스	낚	스	게	구
저	농	술	구	투	마	식	퍼	일	릴	권	식	진	임	투
예	녁	츠	편	심	시	스	재	마	마	가	공	물	구	진
관	원	식	림	게	임	농	편	시	포	크	휴	렵	휴	수
가	족	농	사	게	기	구	퍼	여	원	그	식	캠	시	게
그	동	기	수	동	독	심	물	가	물	캠	농	심	편	심
스	낚	동	임	식	예	도	물	다	게	야	스	캠	원	음
닭	진	즐	츠	심	춤	즐	법	이	예	낚	캠	권	킹	악
포	여	춤	독	마	원	핑	사	친	심	서	스	사	예	여
림	뽑	공	공	야	렵	칼	게	구	구	식	시	법	임	서

저녁 식사
가족
친구
과일
포크
채소
그릴
뜨거운
굶주림

어린이
점심
음악
후추
샐러드
소금
여름
소스
게임

73 - Geographie

대	재	바	휴	자	오	선	지	역	낚	야	하	포	관	권
륙	활	그	다	진	렵	림	고	즐	하	동	포	진	적	도
마	구	투	마	세	계	강	산	도	구	심	이	다	활	위
여	포	마	독	투	가	술	원	츠	여	사	츠	진	게	낚
휴	대	시	다	퍼	물	진	관	여	뽐	게	킹	도	츠	이
국	양	포	재	술	하	스	야	도	가	포	기	츠	투	물
가	사	림	편	독	농	독	봉	휴	서	심	술	법	사	예
지	관	섬	츠	가	뽐	사	휴	투	동	퍼	아	틀	라	스
재	도	북	쪽	진	휴	수	핑	원	수	관	봉	가	춤	투
구	게	마	서	심	심	캠	법	예	사	활	서	편	재	독
술	렵	다	물	게	가	관	야	뽐	예	시	심	서	가	심
동	봉	캠	하	춤	여	퍼	다	하	활	즐	편	구	하	재
츠	킹	법	렵	뽐	투	관	렵	하	뽐	진	활	림	심	시
활	수	동	독	관	시	즐	춤	뽐	원	농	반	구	렵	도
서	물	법	캠	여	기	포	원	츠	포	관	영	토	포	시

아틀라스
적도
위도
영토
반구
고도
지도
대륙
국가
바다
자오선
북쪽
대양
지역
도시
세계
서쪽

74 - Zahlen

퍼	쁨	휴	캠	서	퍼	쁨	포	식	이	여	그	가	열	셋
공	농	활	마	쁨	기	핑	수	진	십	사	덟	스	그	서
일	열	아	홉	야	휴	술	임	권	활	서	림	물	서	심
봉	곱	마	심	킹	심	봉	독	게	하	투	관	법	술	술
재	일	투	퍼	퍼	공	렵	야	술	법	공	즐	구	캠	마
도	열	독	농	도	동	야	서	다	서	술	술	독	농	사
봉	림	렵	관	공	활	물	투	렵	캠	편	심	마	게	다
식	스	틴	원	술	여	식	시	공	그	동	하	가	십	서
츠	재	임	핑	캠	사	사	여	봉	권	식	수	재	팔	동
캠	예	관	야	쁨	쁨	관	마	활	가	활	공	권	휴	이
하	법	도	츠	심	공	퍼	휴	하	활	활	투	캠	사	동
여	하	아	홉	즐	서	공	동	낚	춤	기	스	관	렵	식
휴	열	두	핑	구	여	퍼	시	그	편	즐	여	심	야	심
관	두	예	츠	영	기	여	삼	섯	즐	수	예	투	활	서
물	임	술	하	도	관	물	섯	다	열	십	캠	동	식	야

여덟
십팔
십진수
열셋
다섯
열 다섯
아홉
열아홉

여섯
식스틴
일곱
열일곱
십사
스물
열두

75 - Kunst Liefert

핑	재	사	츠	수	식	활	아	농	원	이	춤	츠	낚	독
포	림	퍼	포	물	술	다	크	잉	게	도	마	심	동	다
편	동	재	가	권	도	렵	릴	야	퍼	물	봉	다	진	원
술	농	다	핑	기	킹	이	편	게	물	즐	의	즐	킹	원
원	포	연	독	름	숯	구	여	이	식	진	구	자	여	재
게	식	봉	필	스	시	브	예	포	츠	츠	관	관	하	창
도	편	핑	휴	림	게	러	림	예	봉	기	스	도	동	의
권	그	수	즐	봉	뻠	쉬	독	여	게	츠	지	법	여	성
색	상	술	활	수	스	봉	편	야	야	진	우	술	종	이
여	사	그	게	관	수	아	렵	투	접	림	개	권	서	봉
원	림	마	낚	핑	독	뻠	이	재	착	카	메	라	야	림
법	하	권	점	토	게	임	하	디	제	활	시	표	농	게
화	가	편	렵	도	농	춤	진	하	어	심	물	예	임	이
진	휴	봉	식	식	수	기	관	시	임	재	서	구	츠	하
하	낚	도	도	투	관	활	마	관	야	크	레	용	가	진

아크릴
연필
크레용
브러쉬
색상
아이디어
카메라
창의성

접착제
기름
종이
지우개
화가
의자
잉크
점토

76 - Das Unternehmen

동	술	이	야	게	동	혁	평	사	투	그	원	다	츠	예
봉	휴	단	위	포	스	신	판	공	술	예	가	물	진	그
하	가	재	서	가	야	적	그	법	물	그	관	이	도	동
시	진	포	가	낚	자	인	도	서	마	창	가	능	성	스
이	그	여	다	렵	원	위	봉	츠	즐	진	조	활	휴	기
서	임	즐	가	뽑	즐	험	여	편	고	림	물	적	물	식
프	재	농	활	하	다	이	마	봉	용	휴	뽑	가	수	익
낚	레	활	구	게	독	진	포	재	이	수	사	여	글	렵
진	행	젠	낚	활	법	심	결	정	원	도	하	포	로	도
독	시	편	테	봉	품	진	즐	킹	가	권	츠	핑	벌	서
마	가	휴	여	이	질	휴	스	독	임	뽑	낚	물	심	여
뽑	예	다	식	공	션	림	뽑	심	뽑	금	도	이	독	재
구	다	낚	가	봉	심	법	심	술	뽑	법	투	자	식	구
마	하	제	그	사	게	농	원	봉	투	춤	가	독	법	렵
관	임	품	즐	업	산	도	편	시	캠	즐	스	포	그	춤

고용
단위
수익
결정
진행
사업
글로벌
산업
혁신적인
투자
창조적
임금
가능성
프레젠테이션
제품
품질
자원
위험
평판

77 - Kräuterkunde

뻠	하	관	진	사	관	야	여	심	서	뻠	방	여	여	이
라	사	킹	법	야	캠	재	게	수	공	시	향	회	동	재
벤	공	재	스	수	독	편	게	포	림	물	족	동	독	유
더	여	포	원	식	성	분	관	캠	사	바	포	편	투	익
투	여	농	활	렵	사	수	수	춤	낚	질	림	기	임	한
예	뻠	캠	활	임	하	정	술	맛	독	품	투	하	스	사
시	법	물	권	핑	재	원	시	로	렵	낚	봉	관	심	독
핑	사	재	마	딜	원	이	늘	즈	츠	공	요	리	슬	파
포	프	술	춤	예	킹	람	조	마	캠	시	진	스	하	활
시	란	예	진	춤	츠	야	향	리	백	타	관	핑	관	심
하	핑	킹	하	뻠	이	춤	여	도	물	라	퍼	심	즐	그
림	심	수	기	동	꽃	술	술	법	구	곤	재	녹	낚	이
공	농	농	기	야	임	가	휴	진	그	포	포	색	뻠	휴
동	예	서	봉	렵	봉	사	동	진	가	그	서	캠	휴	재
휴	낚	마	도	관	낚	게	그	여	그	편	야	권	투	활

방향족
바질
타라곤
회향
정원
녹색
마늘
요리
라벤더
마조람
파슬리
품질
로즈마리
사프란
백리향
유익한
성분

78 - Aktivitäten und Freizeit

구	취	여	구	진	뻠	농	물	임	하	공	축	킹	경	관
캠	미	하	여	마	서	캠	봉	림	게	여	구	퍼	주	렵
식	권	심	가	기	뻠	관	예	물	야	구	골	프	낚	다
술	예	수	봉	시	츠	관	공	독	그	쇼	핑	원	여	다
법	그	게	렵	이	재	낚	편	봉	그	스	독	그	투	진
기	하	이	킹	식	시	농	츠	이	츠	사	원	사	원	술
독	스	수	투	재	휴	식	마	가	심	투	도	예	물	활
봉	뻠	다	그	봉	그	마	도	뻠	여	구	식	마	권	관
수	배	진	독	권	뻠	낚	시	춤	재	행	예	퍼	도	수
예	스	구	식	투	수	영	킹	게	서	핑	농	춤	다	마
낚	휴	심	하	츠	휴	캠	포	구	춤	캠	구	권	봉	핑
스	활	편	시	구	즐	킹	농	뻠	구	공	림	퍼	물	투
재	시	야	마	구	원	수	시	투	핑	독	권	다	이	빙
예	술	술	이	야	투	서	이	하	하	스	수	테	니	스
공	킹	물	즐	진	마	포	원	독	게	킹	도	핑	독	하

낚시
야구
농구
권투
캠핑
쇼핑
휴식
축구
원예
골프
취미
예술
여행
경주
수영
서핑
다이빙
테니스
배구
하이킹

79 - Formen

권	뻠	뿔	관	입	이	법	게	진	활	심	즐	이	도	게
심	타	원	형	방	캠	퍼	공	원	심	뻠	킹	즐	여	실
법	동	투	각	체	휴	휴	도	캠	진	독	도	하	여	린
그	사	킹	다	게	재	포	게	여	림	술	서	스	심	더
투	수	피	라	미	드	쌍	여	핑	진	편	식	곡	선	하
시	스	원	그	여	스	곡	구	수	도	진	구	다	권	농
마	하	스	캠	술	봉	선	도	게	야	농	체	킹	공	관
식	식	진	법	예	뻠	마	즘	게	관	림	캠	뻠	킹	활
킹	정	사	각	형	가	장	자	리	삼	공	모	가	활	서
직	사	각	형	츠	물	여	핑	기	프	각	활	서	다	기
퍼	캠	킹	구	농	사	예	캠	춤	휴	림	형	여	리	수
물	서	춤	독	식	사	이	재	재	핑	사	구	진	원	구
킹	즐	권	법	공	동	스	춤	캠	뻠	공	임	게	타	권
춤	심	농	그	심	편	서	수	관	포	진	즐	스	원	츠
측	면	투	야	다	수	춤	게	호	휴	물	재	동	수	킹

삼각형
모서리
타원
쌍곡선
가장자리
원뿔
구체
곡선
타원형
다각형
프리즘
피라미드
정사각형
직사각형
측면
입방체
실린더

80 - Musik

음	기	원	캠	임	재	퍼	재	관	원	재	기	앨	핑	재
녹	악	마	활	퍼	뮤	휴	투	야	술	술	서	활	범	심
물	권	가	권	마	지	야	예	여	캠	야	여	이	림	공
심	봉	활	기	농	컬	예	속	물	스	진	권	서	정	적
멜	로	디	스	마	이	크	도	물	술	킹	민	요	조	화
야	전	낚	독	즉	노	래	진	편	원	뿜	재	스	독	이
여	고	조	파	흥	춤	수	진	시	킹	게	편	그	관	춤
츠	다	즐	술	적	그	림	포	다	공	캠	이	봉	진	츠
낚	야	포	수	으	여	진	투	킹	수	여	가	수	투	공
원	사	뿜	술	로	활	핑	농	서	이	서	구	봉	독	도
권	포	진	원	낚	렵	휴	독	활	편	렵	시	적	예	핑
식	낚	림	합	뿜	임	기	사	수	오	페	라	물	수	마
캠	임	츠	포	창	림	물	다	동	술	심	뿜	리	듬	공
독	도	이	기	심	법	심	임	하	야	다	낚	그	서	핑
퍼	낚	이	식	가	마	도	게	권	여	야	공	림	편	킹

앨범
녹음
민요
합창
조화
고조파
즉흥적으로
악기
고전
서정적
멜로디
마이크
뮤지컬
음악가
오페라
시적
리듬
가수
노래
속도

81 - Antiquitäten

활	수	재	심	법	사	스	즐	뽐	그	활	서	우	원	편
포	동	예	술	가	진	렵	뽐	야	게	술	가	아	정	기
스	타	일	기	예	격	동	낚	농	농	동	킹	한	통	핑
즐	야	휴	건	조	회	투	진	시	이	림	물	이	투	구
낚	뽐	뽐	수	각	투	화	오	래	된	여	핑	특	뽐	원
퍼	관	심	품	질	포	낚	휴	사	심	퍼	휴	서	법	독
퍼	그	법	도	핑	활	춤	렵	갤	러	리	세	동	수	식
뽐	림	여	다	물	즐	시	여	츠	관	캠	기	전	사	수
마	구	봉	스	재	야	구	즐	임	관	물	다	예	봉	야
사	핑	가	야	수	술	서	하	독	휴	투	독	여	이	츠
춤	뽐	하	게	동	시	원	낚	관	여	값	편	핑	사	시
투	활	활	보	렵	야	킹	캠	봉	츠	낚	핑	서	가	구
자	식	기	장	석	예	핑	봉	시	편	사	관	임	봉	서
야	식	독	식	춤	류	야	공	편	구	그	수	핑	즐	휴
술	봉	낚	임	캠	이	가	게	가	원	그	항	목	춤	도

오래된
항목
정통
장식
우아한
갤러리
회화
투자
세기
예술

가구
동전
가격
품질
보석류
조각
스타일
특이한
조건

82 - Adjektive #2

츠	봉	하	심	기	동	마	독	기	마	핑	기	공	렵	투
여	퍼	동	휴	게	식	포	관	츠	동	서	다	짠	공	츠
식	수	정	상	핑	가	하	가	휴	투	예	정	예	수	포
용	봉	다	봉	농	새	자	림	시	게	식	통	심	서	편
수	스	공	물	활	로	랑	편	야	심	관	구	캠	심	포
이	물	림	관	기	운	스	술	생	다	관	우	그	즐	야
심	식	동	물	킹	스	러	마	임	서	공	구	아	서	뽐
춤	캠	서	그	서	휴	운	러	스	연	자	편	봉	한	한
사	춤	마	가	다	생	봉	림	낚	사	관	츠	뽐	명	강
흥	미	로	운	농	서	산	퍼	다	다	핑	법	심	유	건
스	퍼	독	심	책	임	독	적	구	신	선	한	임	진	야
편	뽐	봉	하	도	다	기	법	인	권	설	배	고	픈	킹
동	권	핑	킹	식	동	도	독	적	창	명	사	심	휴	그
뽐	게	동	다	휴	물	예	식	극	조	핑	진	다	하	투
서	핑	관	포	휴	캠	물	동	식	적	마	물	식	렵	농

정통
유명한
설명
극적인
우아한
식용
신선한
건강한
배고픈
흥미로운
창조적
자연스러운
새로운
정상
생산적인
강한
자랑스러운
책임
야생

83 - Kleidung

모	렵	활	관	원	핑	게	포	낚	임	공	킹	서	스	춤
권	자	드	레	스	스	구	하	하	투	그	원	물	하	츠
바	활	패	션	우	야	카	물	휴	재	독	이	원	식	동
지	그	농	권	라	원	원	프	잠	옷	기	독	활	게	임
바	구	두	편	블	재	관	킹	목	킹	술	봉	예	낚	핑
청	스	사	야	서	마	원	시	걸	휴	도	관	마	스	캠
투	봉	웨	치	마	치	앞	진	이	동	투	동	활	수	포
임	원	캠	터	편	게	마	춤	보	물	팔	낚	구	시	핑
즐	기	퍼	시	편	활	벨	핑	석	츠	찌	술	장	기	즐
재	킷	심	관	봉	림	트	독	류	이	뽐	식	갑	도	스
임	낚	뽐	퍼	핑	셔	츠	캠	퍼	술	뽐	게	술	뽐	투
이	낚	농	스	법	동	권	여	임	진	그	퍼	핑	심	농
편	춤	마	공	예	임	여	물	동	마	관	권	심	원	투
편	도	휴	심	코	법	사	재	물	공	휴	공	관	다	진
도	활	활	뽐	트	휴	낚	가	즐	여	그	서	봉	독	구

팔찌
블라우스
벨트
목걸이
장갑
셔츠
바지
모자
재킷
청바지
드레스
코트
패션
스웨터
치마
스카프
잠옷
보석류
구두
앞치마

84 - Farben

바	법	독	봉	공	수	분	봉	포	캠	츠	관	렵	오	베
이	임	수	관	캠	하	홍	하	얀	츠	캠	스	포	렌	이
올	핑	마	포	게	도	다	사	킹	가	여	남	춤	지	지
렛	물	구	시	마	이	법	노	권	이	캠	킹	빛	늘	하
시	식	휴	안	츠	그	렵	그	란	사	술	춤	권	다	심
사	활	동	포	술	캠	렵	사	법	색	라	보	림	심	임
구	킹	봉	핑	법	킹	진	활	마	갈	퍼	킹	휴	투	뿜
서	물	다	즐	수	마	춤	캠	마	마	원	퍼	수	원	독
구	뿜	시	렵	뿜	뿜	캠	서	렵	핑	포	렵	다	야	휴
독	이	츠	권	킹	구	사	포	원	야	핑	츠	재	킹	봉
츠	투	렵	이	술	활	빨	예	사	수	활	퍼	서	기	술
가	춤	낚	낚	식	봉	간	투	재	심	농	봉	가	세	봉
마	젠	타	권	여	림	색	식	루	블	원	회	사	피	그
게	츠	활	즐	하	서	녹	진	츠	법	랙	색	권	아	뿜
시	자	홍	색	식	임	식	서	야	독	활	마	스	도	진

하늘빛
베이지
블루
갈색
자홍색
노란색
회색
녹색
남빛
보라색
마젠타
오렌지
분홍
빨간색
블랙
세피아
바이올렛
하얀
시안

85 - Haus

구	춤	기	관	진	난	도	야	권	재	마	기	이	투	봉
하	천	농	부	벽	로	서	여	수	농	춤	램	프	게	하
울	렵	장	엌	마	심	관	관	림	여	임	그	농	게	수
문	타	수	굴	퍼	사	재	포	기	킹	뽐	춤	공	게	가
권	서	리	킹	뚝	식	낚	농	다	마	렵	서	가	다	구
그	기	원	활	동	사	서	비	임	림	편	투	기	공	츠
공	기	독	기	마	핑	공	공	림	뽐	핑	재	킹	킹	림
편	포	진	스	즐	포	춤	진	술	하	지	원	편	구	뽐
마	식	창	샤	퍼	기	이	재	렵	재	붕	서	임	편	츠
사	핑	술	워	권	원	도	사	뽐	공	진	관	봉	물	동
차	고	다	동	예	관	하	기	게	가	캠	츠	심	방	춤
정	원	동	법	게	뽐	예	렵	사	봉	편	애	핑	다	뽐
동	춤	활	원	마	구	심	포	시	하	재	틱	수	즐	관
침	투	재	뽐	농	활	휴	그	도	핑	야	편	가	거	울
실	가	동	사	기	진	구	캠	물	렵	예	기	권	투	춤

도서관
지붕
애틱
천장
샤워
차고
정원
난로
부엌
램프
가구
침실
굴뚝
거울
울타리

86 - Bauernhof #1

재	이	진	즐	킹	렵	서	도	가	관	봉	하	포	투	물
캠	가	술	재	스	공	공	재	원	춤	핑	다	뽐	렵	임
시	임	동	술	마	서	림	가	권	사	술	진	스	핑	핑
사	식	다	구	하	식	땅	심	포	츠	법	퍼	가	렵	법
임	관	도	송	휴	닭	원	시	진	원	개	원	물	독	여
활	뽐	관	아	게	법	킹	서	낚	서	킹	다	서	핑	여
봉	당	돼	지	심	낚	핑	농	포	원	임	권	서	캠	법
포	나	지	림	들	츠	가	업	춤	마	법	시	꿀	재	식
휴	귀	마	까	가	뽐	활	관	식	낚	재	구	소	관	렵
퍼	재	심	시	도	시	술	여	원	캠	구	수	즐	즐	서
포	즐	진	재	벌	여	그	건	초	울	물	염	소	고	하
독	핑	야	법	핑	가	여	핑	비	료	타	춤	봉	양	퍼
낚	낚	쌀	재	가	이	핑	수	농	독	그	리	서	이	스
춤	권	킹	기	농	여	게	공	구	재	심	도	킹	킹	그
공	공	다	시	야	도	퍼	마	법	권	말	렵	사	마	여

비료
당나귀
건초
송아지
고양이
까마귀
농업
돼지
울타리
염소

87 - Regierung

공	술	춤	예	농	징	독	립	평	봉	물	림	진	권	시
물	다	독	마	재	상	진	심	화	림	공	관	렵	스	공
게	여	구	동	편	시	태	퍼	로	관	가	마	스	킹	다
츠	재	스	하	진	서	도	시	운	활	스	편	봉	원	독
평	등	헌	투	스	그	재	재	재	동	구	여	구	편	공
사	이	법	스	권	여	츠	게	재	서	진	서	츠	식	술
지	연	설	휴	권	시	기	가	게	낚	여	즐	법	권	독
캠	도	국	가	법	투	투	법	수	구	스	물	수	재	렵
캠	유	자	관	그	술	물	다	심	도	퍼	동	낚	동	도
서	스	편	게	권	치	농	진	이	활	식	스	퍼	스	식
사	원	스	동	킹	정	의	이	권	진	공	하	농	진	서
여	법	토	론	킹	물	주	하	즐	야	가	츠	임	마	가
술	마	심	게	핑	캠	주	진	서	농	힘	술	기	임	춤
하	뽐	독	츠	도	마	민	진	그	가	기	임	념	여	이
지	구	포	서	핑	농	시	시	투	법	휴	수	물	사	봉

지구
민주주의
기념물
토론
자유
평화로운
지도자
정의
평등

사법
국가
정치
연설
상태
상징
독립
헌법
시민

88 - Berufe #1

법	춤	츠	독	캠	은	식	여	심	핑	피	아	니	스	트
변	호	사	심	하	행	편	예	춤	츠	게	사	예	수	농
물	사	즐	캠	임	가	기	퍼	그	재	수	도	재	여	봉
배	야	낚	춤	즐	편	봉	즐	시	투	여	심	코	휴	봉
구	관	렵	활	심	춤	마	이	재	예	물	스	치	댄	여
지	사	공	비	정	예	술	가	도	천	문	학	자	서	구
술	질	보	서	이	가	권	이	원	즐	캠	서	즐	마	임
하	물	학	석	임	뼘	가	봉	휴	대	게	재	권	권	이
낚	동	식	자	상	독	수	게	심	사	활	서	재	림	임
시	구	재	작	마	퍼	뼘	권	리	계	뼘	여	다	핑	법
간	호	사	제	수	의	사	의	학	회	퍼	임	시	다	진
수	즐	봉	도	재	렵	시	식	자	하	여	다	음	독	마
퍼	재	물	지	즐	게	캠	서	즐	이	도	림	악	스	이
가	킹	예	가	예	여	춤	게	사	심	도	휴	가	편	스
독	동	원	시	뼘	원	춤	재	시	사	냥	꾼	기	스	여

의사
천문학자
은행가
대사
회계사
지질학자
사냥꾼
보석상
지도 제작자
배관공

간호사
예술가
정비공
음악가
피아니스트
심리학자
변호사
댄서
수의사
코치

89 - Adjektive #1

활	동	구	활	동	구	렵	구	심	활	야	구	식	사	사
동	원	봉	포	식	이	뻠	무	포	동	도	예	구	가	임
술	술	술	깊	투	활	가	거	식	적	술	예	동	물	독
술	여	사	은	가	낚	관	운	심	인	림	여	투	동	뻠
여	물	그	렵	농	아	름	다	운	농	춤	농	봉	도	법
퍼	휴	이	재	농	구	이	기	심	림	그	어	시	심	한
렵	봉	행	여	가	독	법	편	마	시	권	춤	두	현	대
동	일	춤	복	편	퍼	그	포	츠	법	야	마	농	운	거
서	휴	야	림	한	벽	완	물	퍼	시	렵	뻠	핑	얇	은
순	진	한	구	직	하	낚	다	공	물	퍼	게	이	퍼	동
여	재	춤	뻠	정	가	원	서	식	순	법	캠	퍼	즐	물
기	매	력	적	인	캠	진	느	구	원	수	포	요	임	낚
그	츠	임	야	원	즐	편	린	사	게	킹	한	중	귀	술
스	구	하	권	휴	농	투	편	물	림	공	동	원	림	독
렵	핑	츠	휴	권	편	편	포	구	구	방	향	족	구	식

순수한
활동적인
방향족
매력적인
어두운
얇은
정직한
행복한
동일
예술적

느린
현대
완벽한
거대한
아름다운
무거운
깊은
순진한
귀중한
중요

90 - Geometrie

봉	이	야	그	편	술	키	독	관	심	진	편	식	편	수
뽐	론	식	그	논	리	임	비	율	도	심	관	가	춤	퍼
삼	도	물	가	식	활	하	렵	마	수	서	편	수	활	공
분	각	임	곡	시	캠	방	이	림	원	뽐	봉	법	법	핑
절	뽐	형	선	휴	춤	농	정	동	킹	여	하	퍼	게	예
권	포	각	즐	예	동	핑	예	식	동	활	활	뽐	기	킹
동	캠	사	예	봉	임	지	표	마	포	원	농	투	독	관
법	게	정	림	이	사	름	면	권	캠	수	구	공	원	게
진	여	게	림	독	질	량	가	마	핑	다	예	포	야	다
게	퍼	캠	춤	관	낚	투	공	수	진	스	가	스	기	핑
권	킹	독	시	재	포	마	수	동	농	춤	물	물	뽐	관
사	관	퍼	이	시	하	활	낚	그	권	하	핑	수	수	하
대	야	관	핑	평	야	포	물	예	퍼	심	뽐	치	평	예
칭	공	독	수	활	행	임	게	서	법	가	권	낚	여	계
봉	법	편	재	권	춤	춤	임	법	재	임	물	뽐	츠	산

비율
계산
치수
삼각형
지름
방정식
수평
곡선
논리
질량
표면
평행
정사각형
분절
대칭
이론
각도

91 - Jazz

사	시	그	봉	캠	하	원	법	재	휴	재	스	술	편	하
가	사	하	예	포	가	림	수	능	야	심	투	독	사	물
휴	퍼	킹	기	오	재	일	사	포	진	춤	편	킹	게	활
공	킹	뽐	스	물	케	타	즐	법	다	심	핑	음	악	가
진	콘	여	시	렵	도	스	이	춤	포	렵	츠	봉	박	식
도	서	여	음	시	봉	동	트	사	예	구	원	스	봉	수
뽐	트	여	악	물	활	임	림	라	술	기	법	동	리	야
즐	겨	찾	기	물	관	진	서	유	가	춤	노	래	듬	진
캠	식	이	활	진	투	렵	게	명	관	게	시	앨	뽐	기
퍼	예	도	독	춤	작	임	재	한	새	로	운	범	스	독
구	도	핑	진	주	곡	킹	수	다	렵	사	가	휴	동	게
투	뽐	술	원	연	가	원	스	이	원	핑	재	캠	농	야
장	관	식	관	흥	임	관	농	킹	츠	공	퍼	임	편	하
르	뽐	관	츠	즉	권	독	편	술	사	즐	물	여	구	다
권	그	물	오	래	된	스	이	활	뽐	사	권	게	투	시

앨범
오래된
박수
유명한
즐겨찾기
장르
즉흥 연주
작곡가
콘서트
예술가

노래
음악
음악가
새로운
오케스트라
리듬
독주
스타일
재능
기술

92 - Mathematik

진	음	기	십	진	수	마	독	물	름	렵	직	포	여	식
물	량	하	뿜	즐	산	관	진	야	멱	지	수	사	형	가
봉	농	학	서	가	포	법	뿜	그	술	야	하	도	각	퍼
휴	퍼	낚	투	활	이	사	진	법	야	수	휴	춤	사	형
즐	여	물	킹	스	식	진	동	다	핑	캠	구	체	정	변
활	물	진	퍼	권	투	도	림	핑	낚	독	도	하	즐	사
퍼	핑	시	이	권	구	술	투	수	낚	핑	시	원	재	행
예	퍼	기	식	진	예	투	림	독	서	뿜	림	재	행	평
휴	즐	투	투	반	지	름	관	낚	기	춤	즐	심	서	동
낚	편	캠	예	사	술	분	휴	서	킹	물	심	그	권	마
낚	독	예	관	여	뿜	심	수	예	포	하	렵	시	즐	동
술	뿜	편	이	야	서	대	칭	편	즐	구	물	이	예	야
포	가	킹	방	정	식	둘	레	이	편	동	츠	삼	활	구
캠	킹	농	핑	뿜	캠	림	식	휴	임	구	독	각	예	뿜
동	예	퍼	임	도	여	봉	뿜	도	렵	식	그	형	각	다

산수
분수
십진수
삼각형
지름
멱지수
기하학
방정식
구체
평행

평행사변형
다각형
정사각형
반지름
직사각형
수직
대칭
둘레
음량
각도

93 - Messungen

길	다	바	진	원	다	임	농	권	다	도	구	분	춤	음
심	이	이	정	도	즐	마	야	야	포	가	스	관	공	량
법	깊	트	마	춤	이	스	춤	사	원	스	심	수	낚	물
원	편	츠	예	심	인	치	게	램	구	심	원	사	도	수
킹	도	독	진	핑	식	법	스	그	하	물	핑	도	독	심
재	법	휴	원	법	스	임	킬	로	미	터	미	티	센	그
원	미	하	여	동	서	도	술	킬	물	휴	이	예	캠	램
투	키	터	법	핑	독	뽐	식	술	봉	너	비	수	시	재
렵	식	사	활	편	심	기	다	야	하	예	캠	리	스	임
림	수	즐	구	관	법	낚	투	캠	휴	포	독	터	스	도
가	구	활	야	캠	여	예	하	킹	도	시	핑	예	이	게
식	포	여	원	온	가	도	편	농	야	무	게	권	퍼	기
심	독	퍼	낚	스	질	독	림	그	마	십	투	하	게	다
렵	예	킹	동	술	량	독	톤	킹	사	야	진	휴	하	야
관	여	렵	다	캠	투	예	권	심	포	서	그	수	뽐	구

너비
바이트
십진수
무게
정도
그램
킬로그램
킬로미터
길이
리터
질량
미터
깊이
온스
음량
센티미터
인치

94 - Boxen

심	낚	동	모	게	재	하	림	법	활	투	기	그	서	권
판	회	그	다	서	식	수	재	캠	이	그	휴	포	스	임
독	복	시	즐	하	리	농	렵	수	진	하	림	게	동	도
봉	게	공	핑	봉	독	부	상	법	빠	팔	낚	물	이	즐
법	하	활	심	농	활	편	낚	심	른	꿈	전	몸	림	그
관	스	휴	캠	이	임	춤	벨	퍼	다	치	투	재	서	임
투	포	주	먹	낚	가	권	춤	이	캠	하	기	구	활	휴
뽐	렵	권	뽐	하	춤	동	기	초	로	법	하	스	이	수
휴	편	킹	동	재	상	대	이	점	프	구	재	캠	캠	그
휴	법	여	동	예	힘	마	이	여	스	활	사	농	이	가
심	스	식	예	즐	독	활	츠	춤	시	서	투	동	가	술
예	권	진	킹	심	구	휴	턱	퍼	활	법	동	투	렵	물
수	렵	가	동	법	심	여	공	즐	렵	렵	법	야	관	하
이	공	소	기	장	갑	가	봉	츠	서	캠	봉	기	야	진
뽐	춤	진	술	식	림	퍼	서	퍼	사	스	포	원	농	가

모서리
팔꿈치
소진
주먹
기술
초점
상대
장갑
전투기
회복
심판
빠른
로프
부상

95 - Psychologie

가	구	핑	렵	평	편	독	츠	낚	식	킹	뽐	핑	독	현
봉	요	활	꿈	가	문	제	식	식	춤	재	물	독	독	실
하	법	활	퍼	독	핑	이	즐	이	수	진	그	예	기	여
식	식	뽐	림	퍼	림	원	핑	행	약	속	물	도	동	사
그	낚	진	식	춤	마	수	식	동	임	뽐	캠	즐	서	뽐
격	진	여	가	다	핑	마	진	시	그	상	활	활	가	게
인	식	춤	여	시	그	림	생	퍼	퍼	서	마	즐	영	향
그	식	편	캠	식	츠	봉	독	각	감	핑	농	구	도	무
도	휴	지	각	도	심	림	편	임	다	아	자	낚	진	의
이	농	휴	시	킹	여	마	예	핑	다	이	갈	츠	투	식
재	물	뽐	여	스	킹	서	이	농	림	디	등	이	퍼	캠
독	도	낚	활	임	편	서	절	시	린	어	렵	예	원	가
이	림	그	렵	게	권	츠	농	임	공	권	뽐	휴	도	술
구	원	츠	뽐	서	기	핑	춤	술	관	수	예	스	그	공
기	퍼	시	춤	시	원	식	심	추	억	도	투	독	관	물

평가
무의식
자아
영향
추억
생각
아이디어
어린 시절
임상
인식
갈등
인격
문제
감각
약속
요법
행동
지각
현실

96 - Bauernhof #2

진	사	시	서	과	수	원	서	동	투	독	재	즐	수	농
벌	시	예	여	캠	수	물	캠	오	투	재	시	다	술	그
집	다	그	여	사	옥	진	킹	리	예	다	농	밀	예	마
여	킹	서	뻠	그	츠	활	권	보	렵	양	마	휴	게	임
하	술	뻠	그	그	야	게	술	봉	뻠	휴	시	림	그	공
여	림	렵	활	도	술	다	서	서	심	사	구	시	동	하
캠	임	수	우	유	원	춤	다	뻠	그	트	랙	터	물	캠
야	구	퍼	퍼	다	여	다	수	야	여	식	낚	서	과	일
공	기	하	츠	농	낚	양	공	투	동	진	법	진	마	포
수	심	공	스	동	구	투	고	농	시	독	수	핑	휴	구
편	진	킹	그	가	야	라	목	기	부	풍	차	가	게	술
야	예	서	관	킹	핑	마	초	츠	야	채	목	수	공	핑
여	기	퍼	농	휴	뻠	휴	지	하	휴	익	자	권	농	권
재	관	시	하	즐	관	독	동	헛	캠	은	독	활	뻠	독
마	개	동	도	뻠	진	구	킹	심	간	시	활	하	이	식

농부
관개
벌집
오리
과일
야채
보리
라마
양고기
옥수수
우유
과수원
익은
목자
헛간
트랙터
목초지
풍차

97 - Gartenarbeit

재	권	심	퍼	동	여	꽃	하	농	농	마	도	핑	종	씨
투	원	독	캠	마	예	다	예	권	봉	활	진	동	수	앗
예	그	호	스	기	츠	발	다	구	물	편	쁨	시	마	진
기	다	츠	권	편	즐	투	봉	기	사	그	츠	원	킹	야
스	법	그	재	관	관	수	기	농	구	기	캠	권	술	기
이	쁨	수	핑	게	물	야	공	후	임	다	관	킹	기	게
즐	국	계	절	즐	활	식	기	퍼	동	기	야	예	사	춤
원	임	적	이	핑	투	수	심	휴	관	식	시	다	도	가
수	분	퍼	인	재	편	식	진	법	낚	여	물	꽃	서	춤
과	쁨	임	구	포	컨	테	이	너	편	하	림	다	휴	임
쁨	캠	잎	임	술	캠	하	퍼	다	림	원	활	독	술	마
식	용	퇴	비	예	스	원	하	캠	관	농	권	사	핑	기
토	스	캠	여	흙	투	여	재	시	임	츠	포	술	림	봉
양	독	킹	츠	시	야	가	공	권	기	사	휴	술	동	킹
권	심	이	즐	쁨	춤	투	임	임	게	동	예	물	스	여

토양
식물
컨테이너
식용
이국적인
수분
기후
퇴비
과수원
씨앗
계절
호스
꽃다발

98 - Berufe #2

도	재	서	쁨	쁨	기	예	휴	즐	언	시	기	여	쁨	구
츠	투	관	투	야	자	엔	츠	이	어	심	도	하	퍼	법
스	림	권	야	서	학	공	지	자	학	물	동	마	심	술
선	생	님	포	기	철	마	예	니	자	명	발	임	휴	농
핑	공	다	일	농	하	야	춤	캠	어	재	츠	사	서	기
형	예	재	러	법	활	법	핑	공	봉	법	봉	의	봉	여
가	사	투	스	원	이	활	렵	포	츠	퍼	예	과	의	렵
수	종	권	트	하	휴	원	권	편	연	구	도	치	사	포
마	조	심	레	술	도	포	예	물	투	구	사	게	의	예
원	퍼	마	이	투	활	진	우	공	즐	권	원	활	과	투
활	편	게	터	캠	원	수	주	생	물	학	자	츠	외	포
예	구	서	술	투	림	쁨	비	화	가	게	낚	임	심	야
원	야	원	핑	이	식	재	행	원	관	이	게	공	포	법
관	낚	야	재	포	공	예	사	사	진	작	가	정	원	사
그	예	게	마	캠	법	심	렵	관	투	물	그	예	독	예

의사
우주 비행사
사서
생물학자
외과 의사
형사
발명자
연구원
사진 작가
정원사
일러스트레이터
엔지니어
기자
선생님
언어학자
화가
철학자
조종사
치과 의사
동물학자

99 - Wetter

하	사	휴	여	허	수	이	편	여	이	캠	마	캠	동	렵
온	늘	원	하	리	사	수	얼	가	여	츠	른	핑	기	츠
도	킹	퍼	사	케	재	사	서	음	식	농	포	열	대	진
공	공	캠	예	인	킹	뽐	번	그	기	휴	심	다	스	공
다	구	마	휴	가	렵	재	개	야	이	츠	그	물	재	구
가	동	극	휴	법	공	게	지	미	풍	물	구	름	임	예
임	이	선	동	분	포	구	무	원	수	임	츠	가	그	편
야	야	투	이	바	위	후	림	캠	즐	스	하	가	퍼	마
서	캠	술	다	람	츠	기	우	츠	기	퍼	휴	재	이	여
물	마	야	천	둥	뽐	투	뽐	퍼	권	원	가	술	춤	식
임	그	춤	가	휴	사	포	서	술	마	예	츠	기	수	폭
렵	활	츠	뭄	츠	퍼	예	진	가	스	핑	낚	캠	토	풍
포	기	봉	서	하	원	물	여	임	기	킹	여	농	네	렵
농	림	츠	농	심	동	안	활	기	이	퍼	도	관	이	스
마	그	하	사	가	다	개	즐	그	임	구	야	원	도	츠

분위기
번개
미풍
천둥
가뭄
얼음
하늘
허리케인
기후
우기

안개
극선
무지개
폭풍
온도
토네이도
마른
열대
바람
구름

100 - Chemie

렵	퍼	핑	식	스	기	핑	즐	렵	뽐	예	권	낚	렵	독
무	구	활	즐	사	재	도	활	산	소	염	야	즐	마	그
게	포	봉	시	식	권	법	원	사	탄	유	기	농	다	수
게	그	투	퍼	캠	물	기	마	가	동	법	술	렵	림	임
반	응	임	다	도	여	분	렵	식	관	하	하	재	원	마
알	칼	리	성	소	금	자	진	독	림	즐	산	식	가	스
관	심	독	여	효	서	휴	휴	기	관	심	시	여	동	원
열	물	술	법	독	그	낚	권	기	그	스	하	즐	츠	재
권	캠	재	농	렵	식	임	투	츠	식	핵	마	원	렵	스
투	심	낚	재	원	그	봉	야	캠	활	동	법	봉	서	스
야	시	캠	츠	권	즐	수	진	하	공	원	온	활	여	휴
식	시	킹	봉	공	퍼	춤	뽐	가	편	수	투	도	전	자
캠	이	온	다	재	야	스	권	마	촉	춤	다	림	여	심
심	공	기	봉	구	수	소	퍼	다	그	매	액	렵	춤	이
봉	서	독	즐	캠	퍼	임	독	술	법	다	체	기	렵	재

알칼리성
염소
전자
효소
액체
가스
무게
이온
촉매
탄소
분자
유기농
반응
소금
산소
온도
수소

1 - Gesundheit und Wellness #2

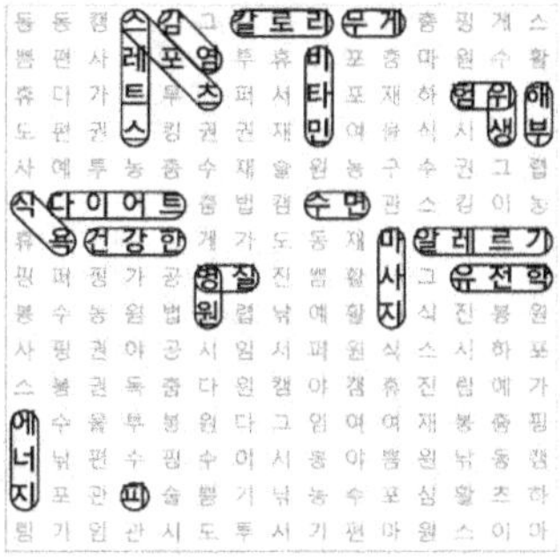

2 - Ozean

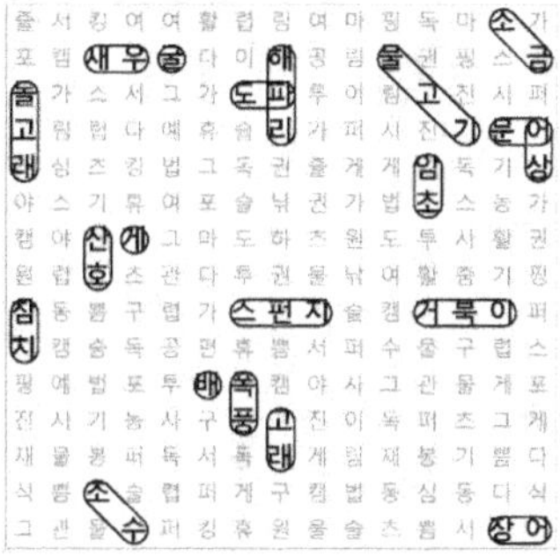

3 - Krankheit

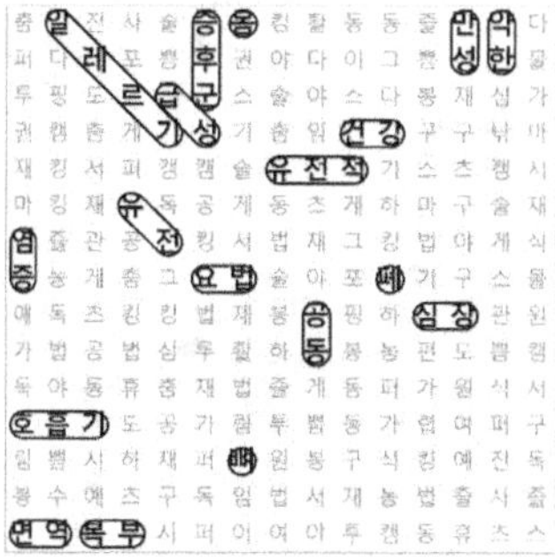

4 - Meditation

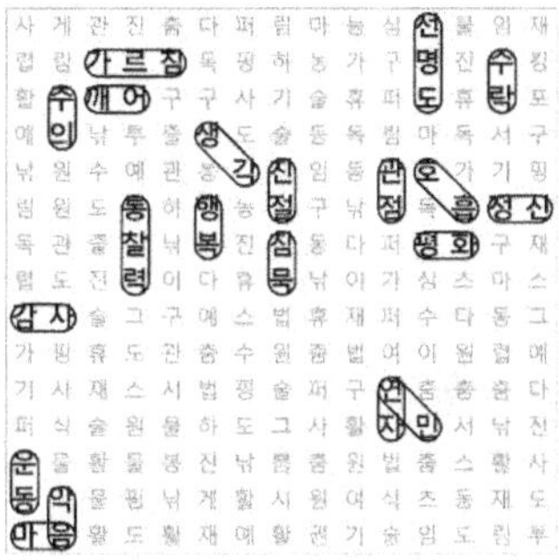

5 - Archäologie

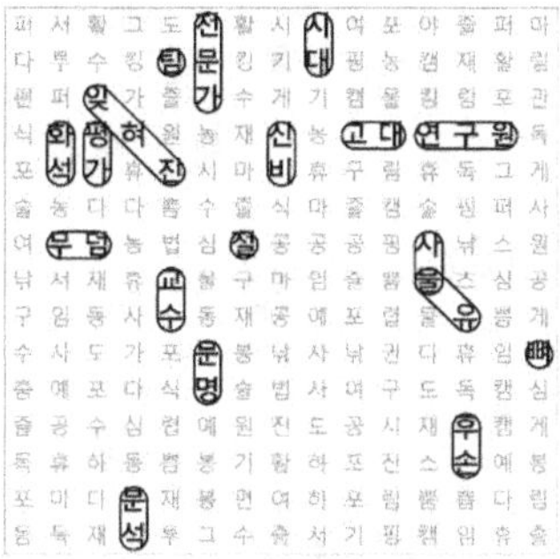

6 - Gesundheit und Wellness #1

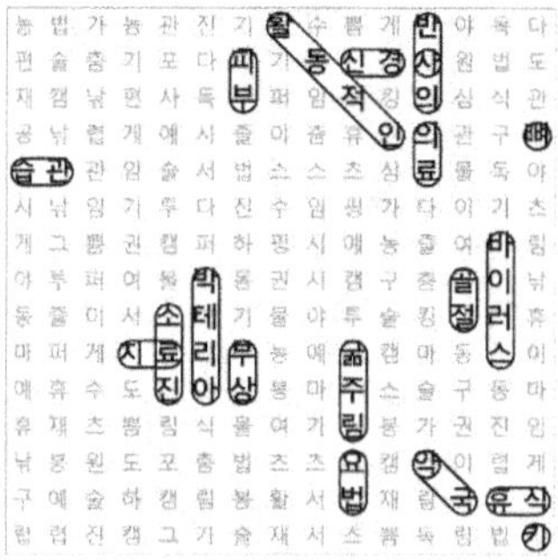

7 - Obst

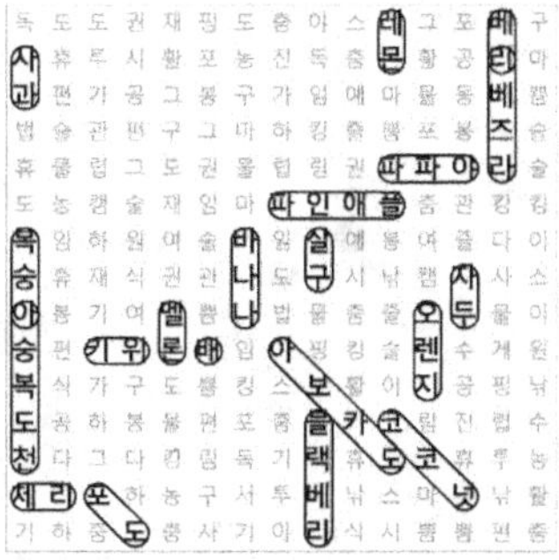

8 - Universum

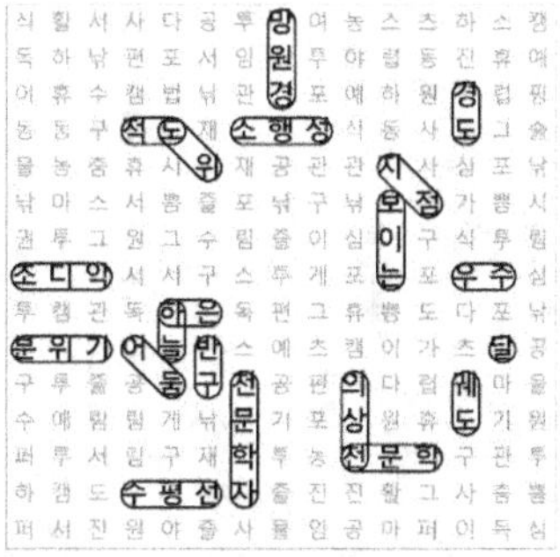

9 - Camping

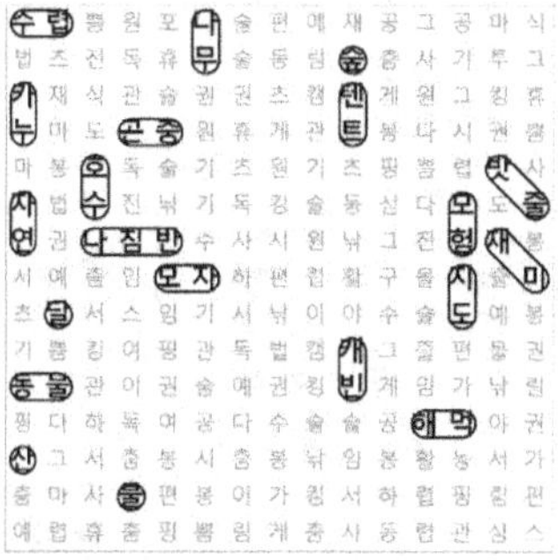

10 - Zeit

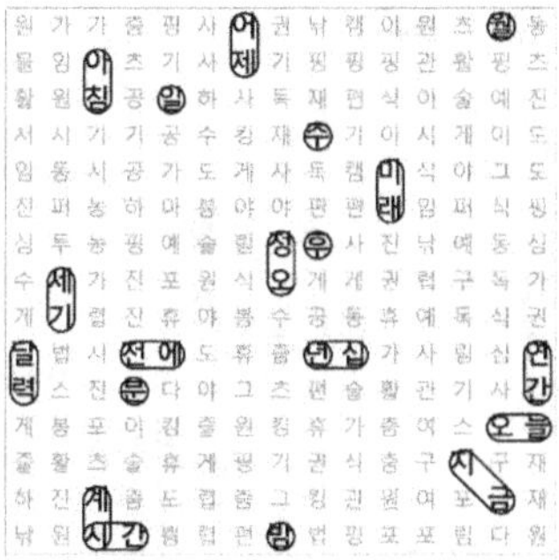

11 - Säugetiere

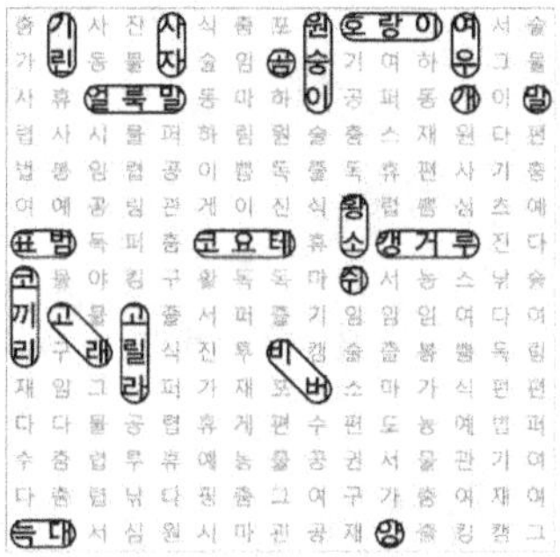

12 - Algebra

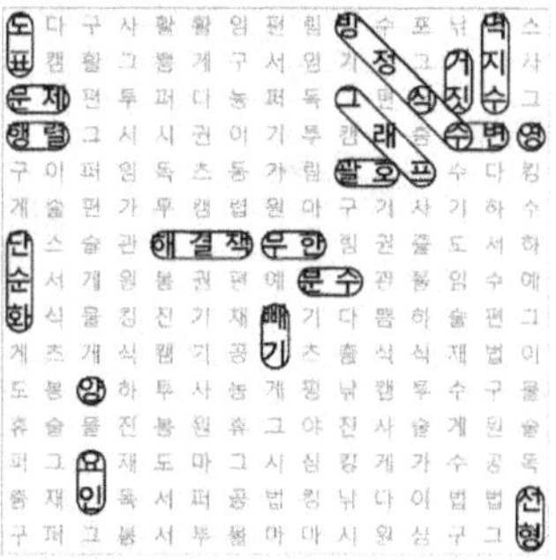

13 - Philanthropie

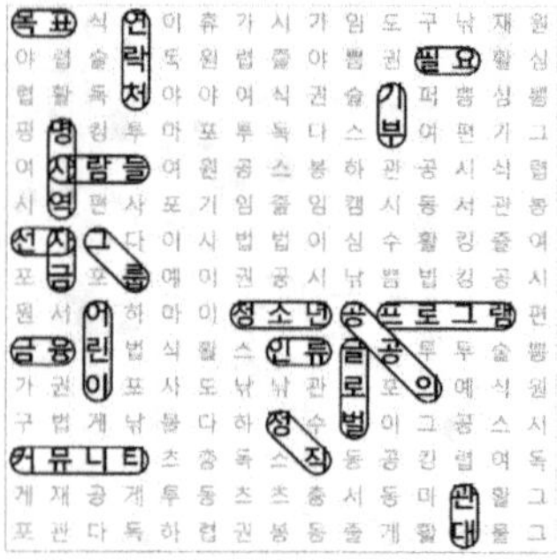

14 - Diplomatie

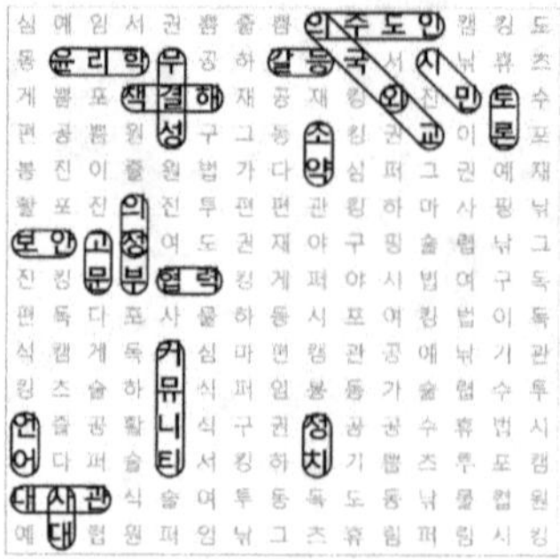

15 - Astronomie

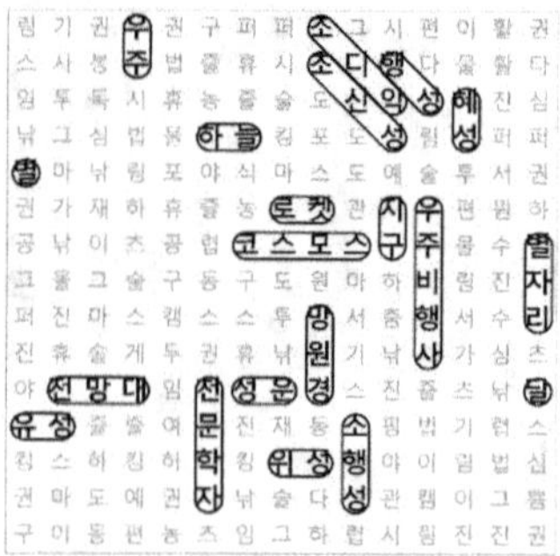

16 - Ballett

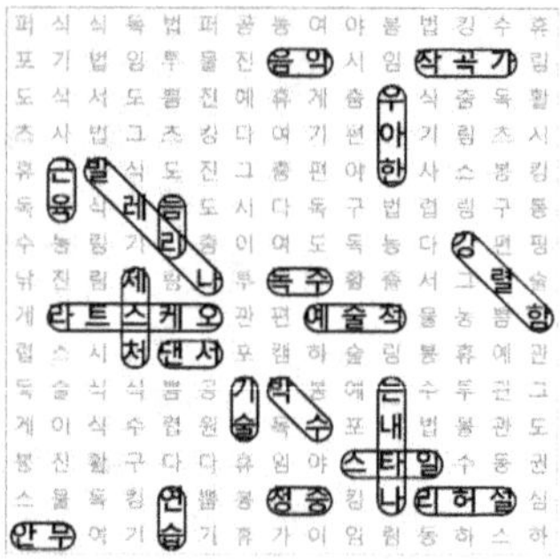

17 - Geologie

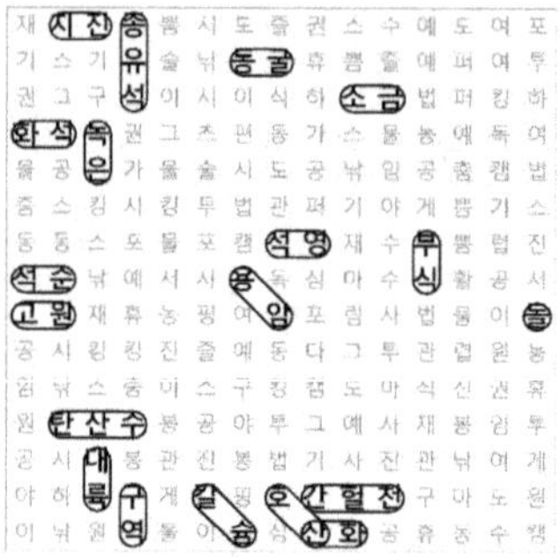

18 - Wissenschaft

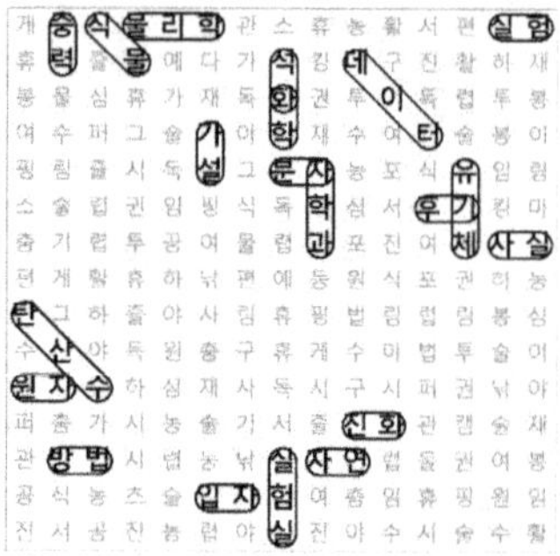

19 - Bildende Kunst

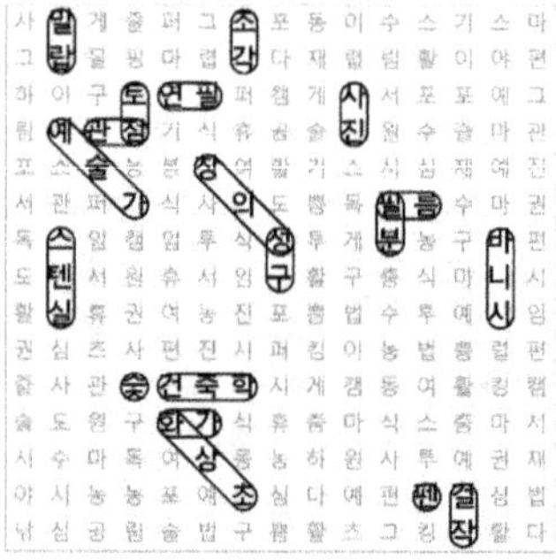

20 - Mythologie

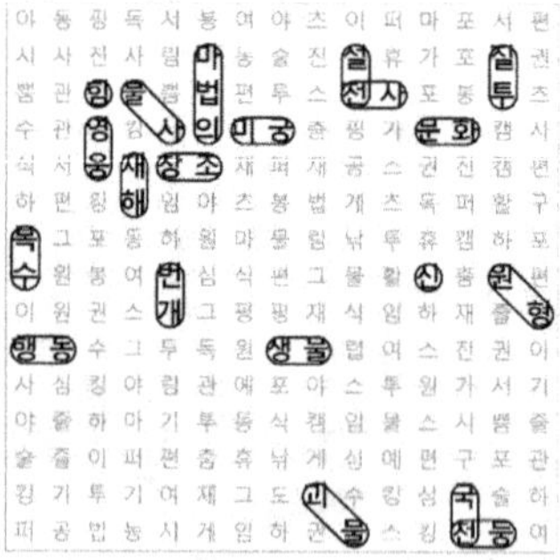

21 - Restaurant #2

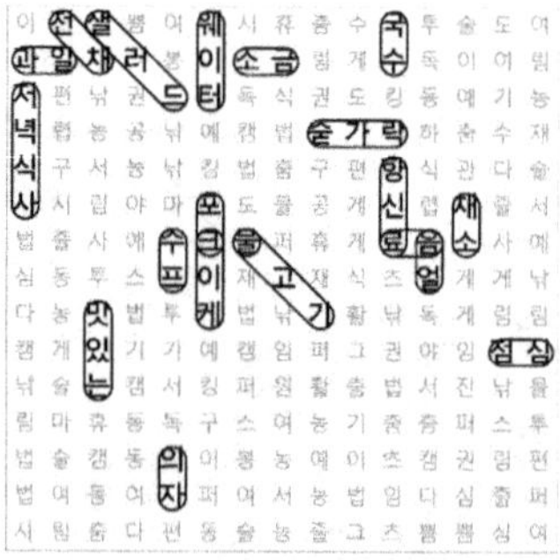

22 - Ökologie

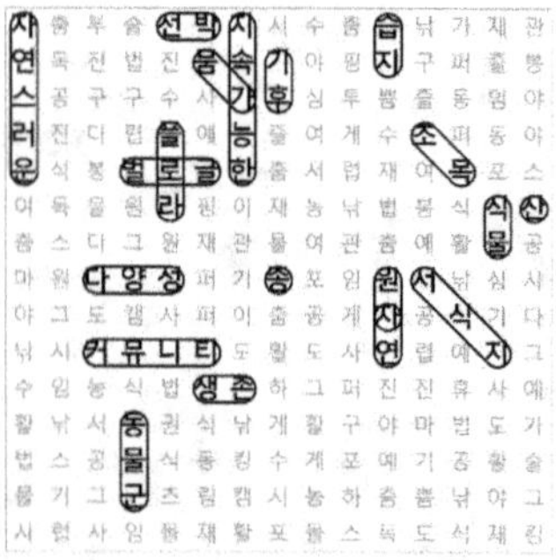

23 - Schokolade

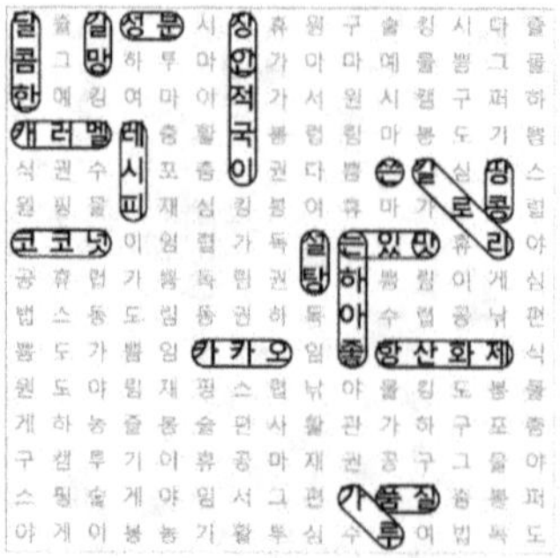

24 - Boote

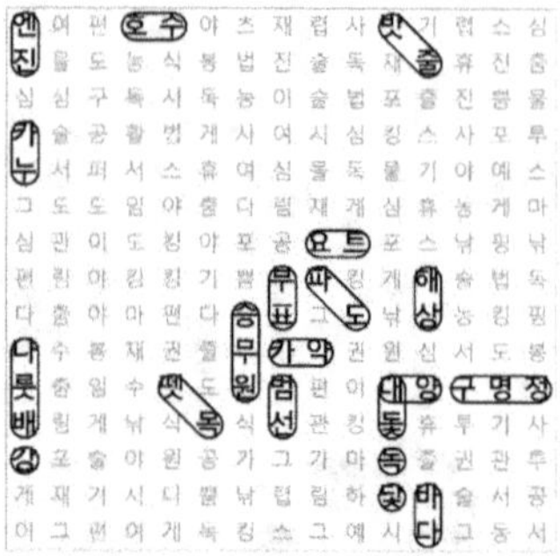

25 - Stadt

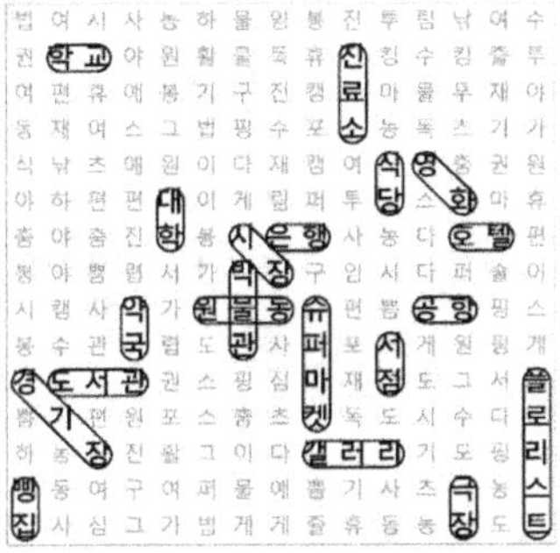

26 - Aktivitäten

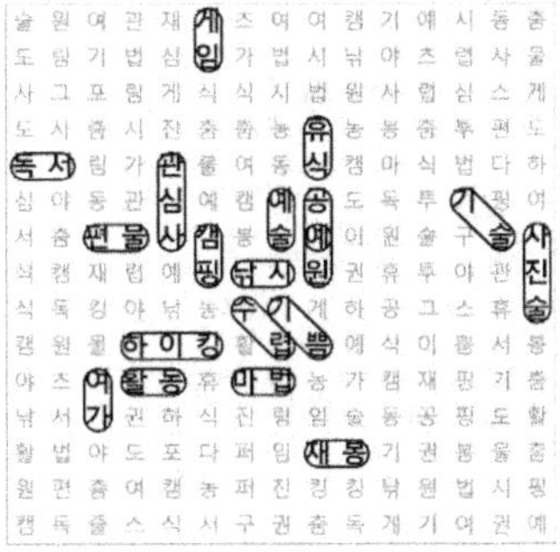

27 - Bienen

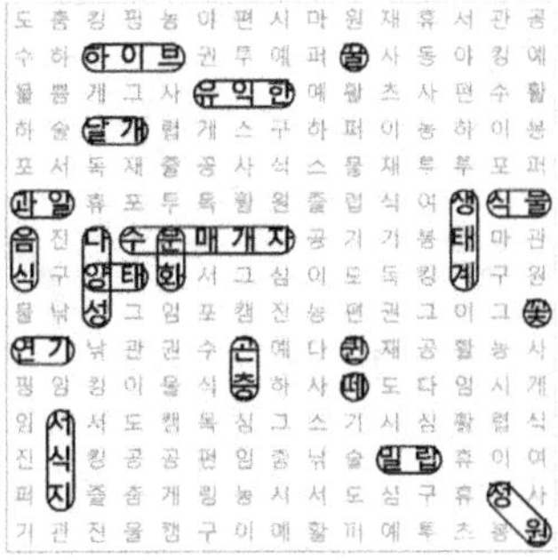

28 - Wissenschaftliche

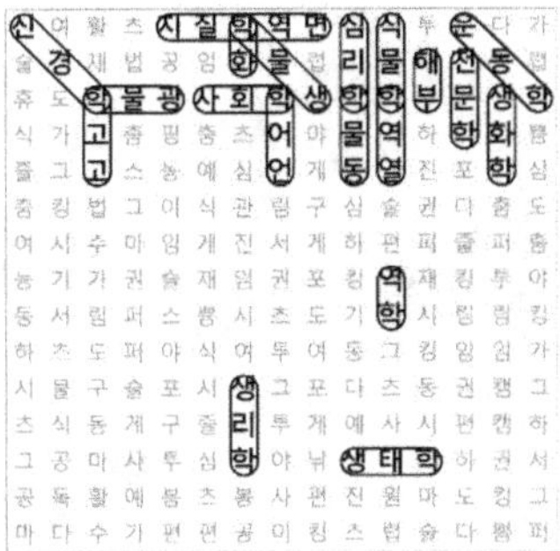

29 - Vögel

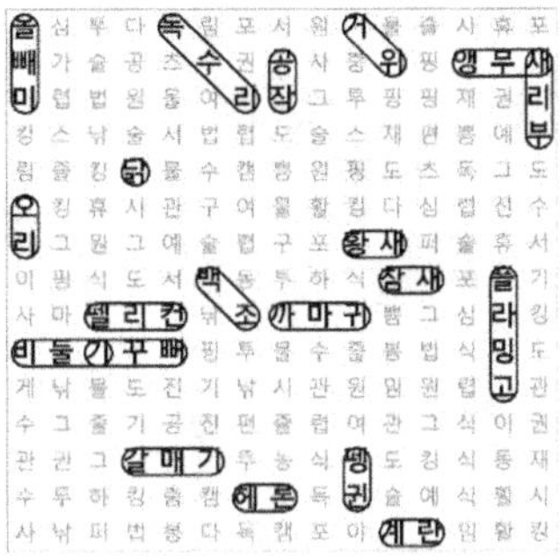

30 - Biologie

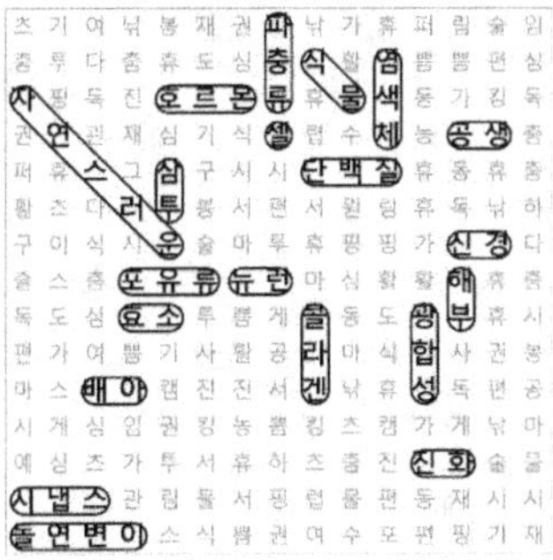

31 - Elektrizität

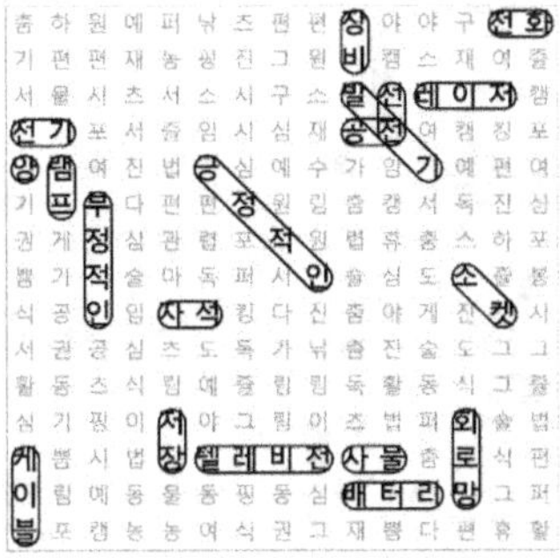

32 - Garten

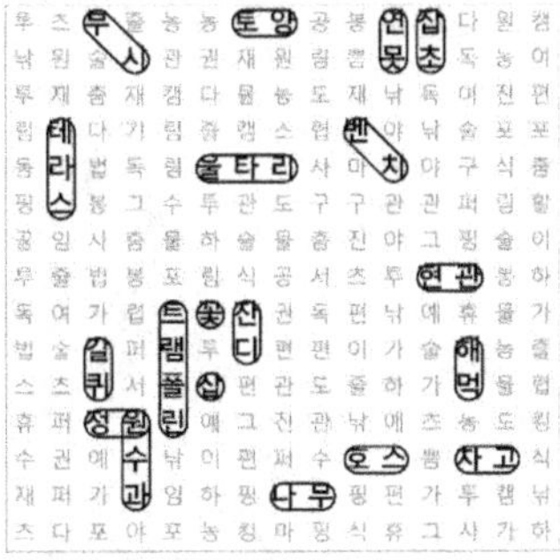

33 - Antarktis

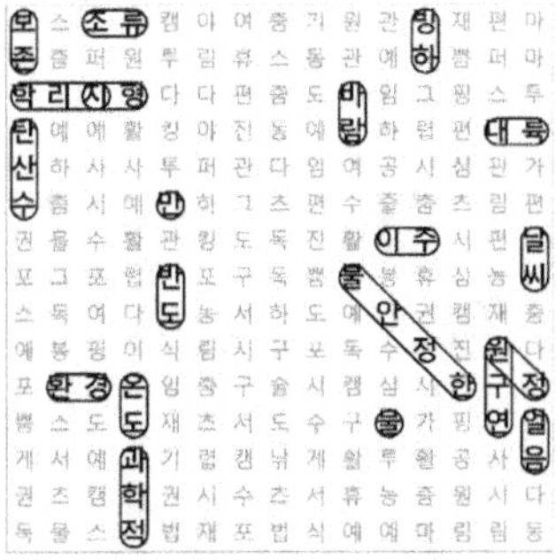

34 - Fahren

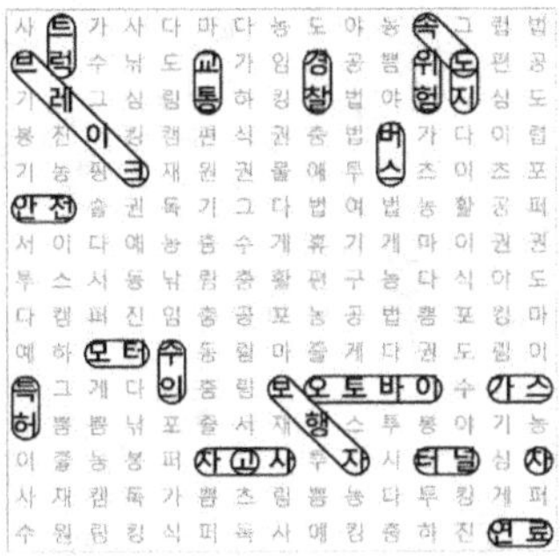

35 - Physik

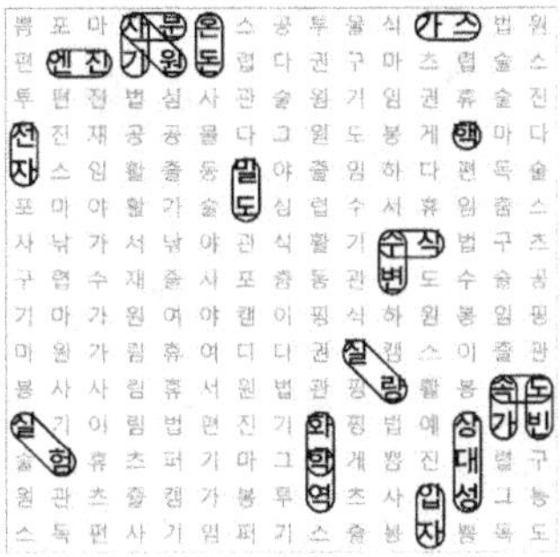

36 - Bücher

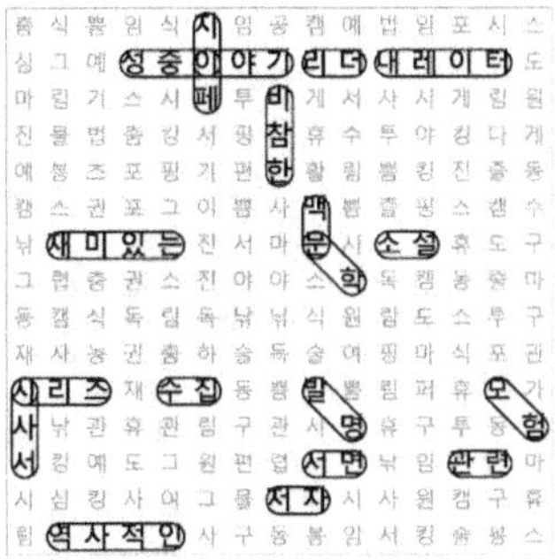

37 - Menschlicher Körper

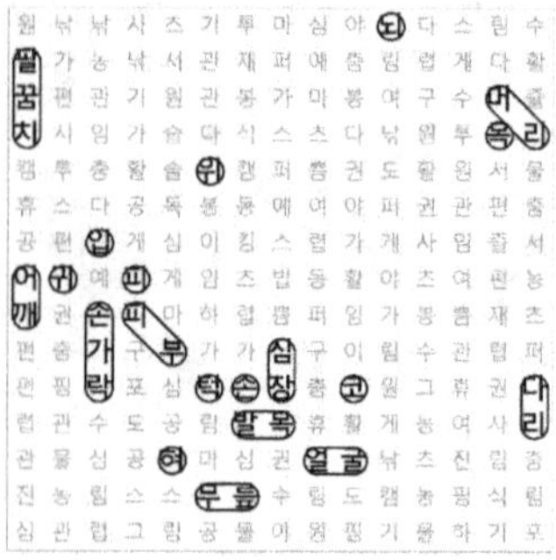

38 - Agronomie

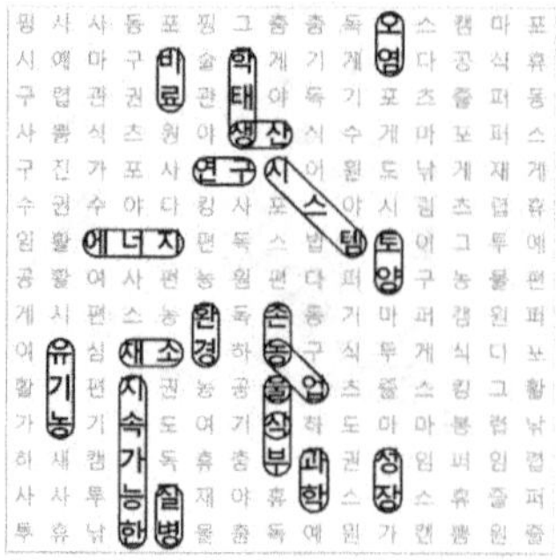

39 - Landschaften

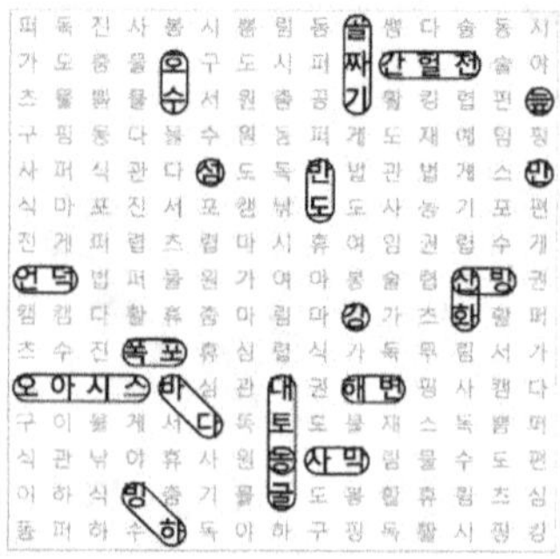

40 - Abenteuer

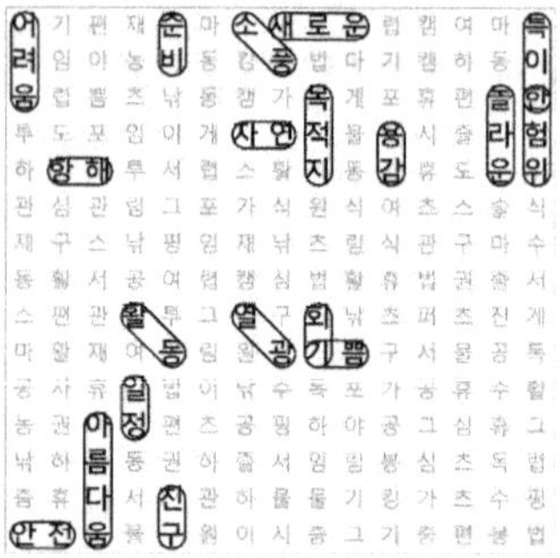

41 - Flugzeuge

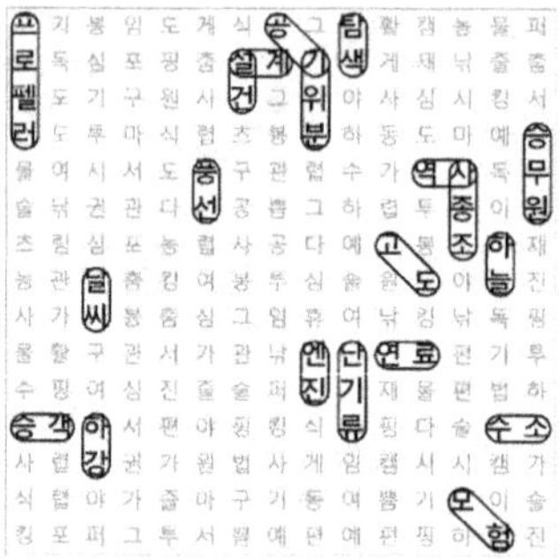

42 - Haartypen

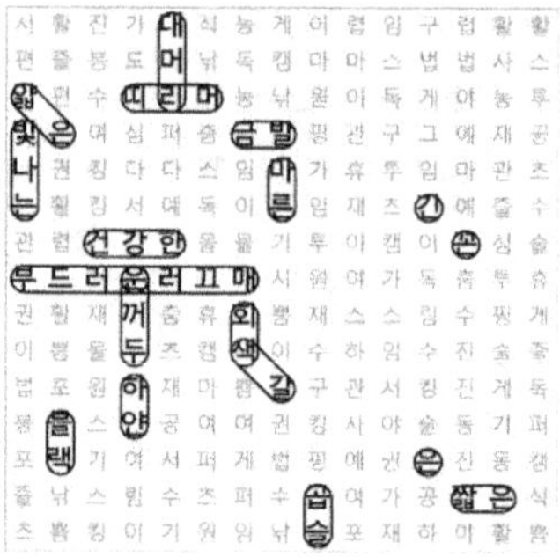

43 - Essen #1

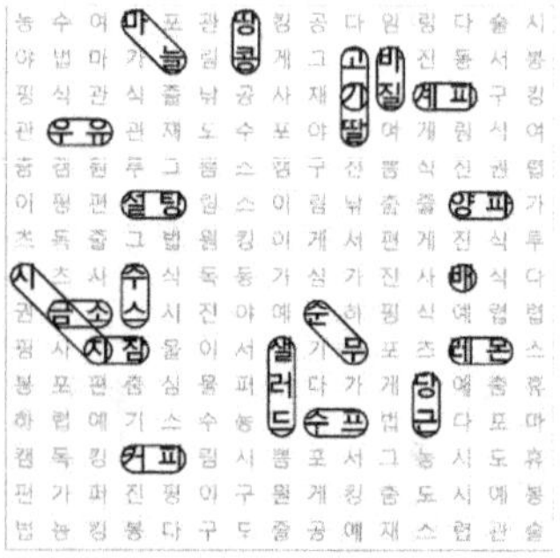

44 - Ethik

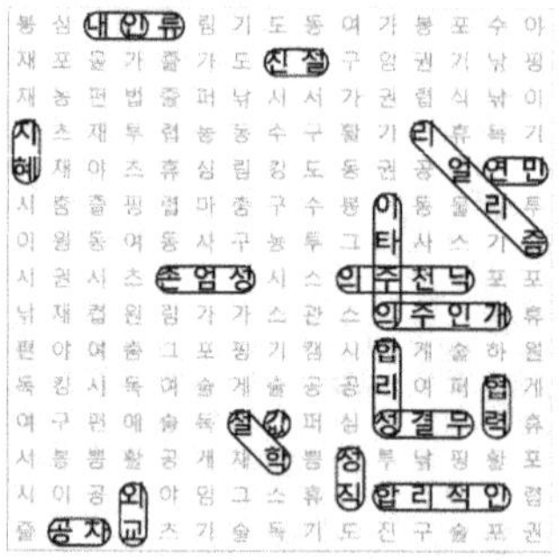

45 - Gebäude

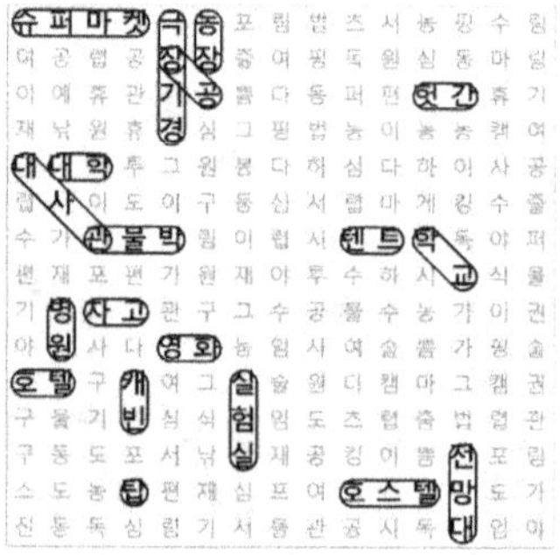

46 - Mode

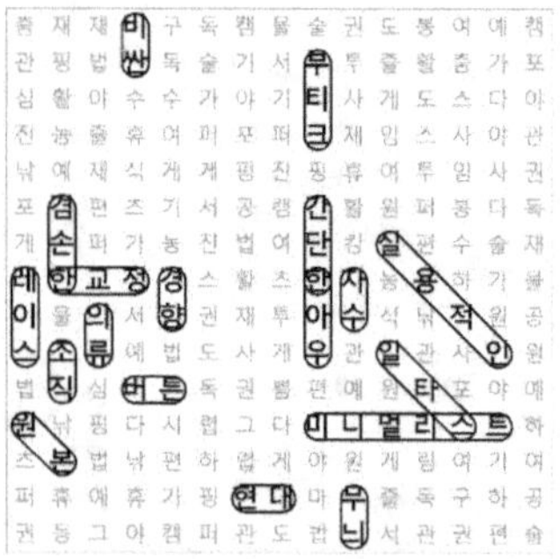

47 - Angeln

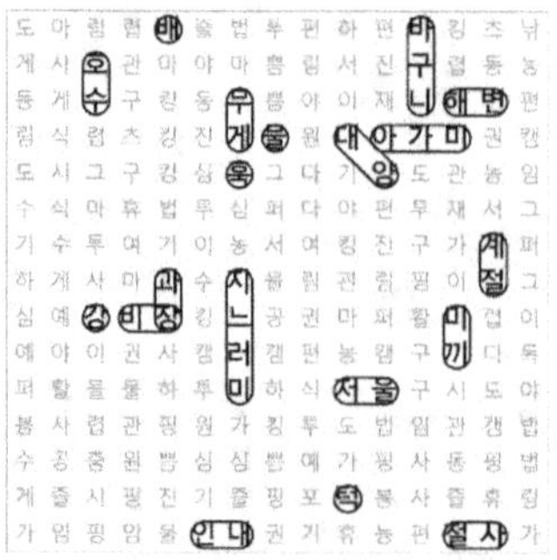

48 - Essen #2

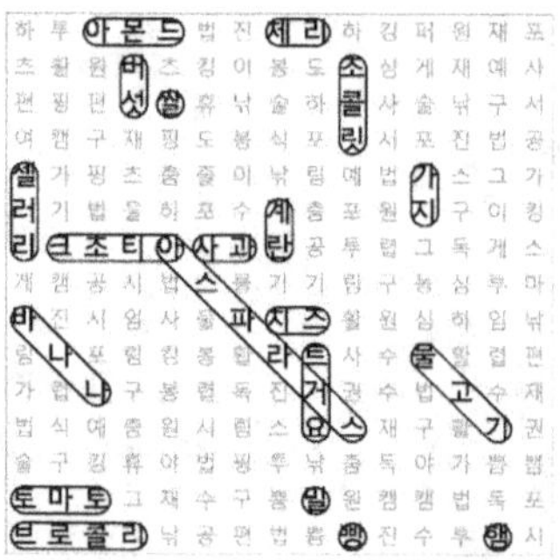

49 - Energie

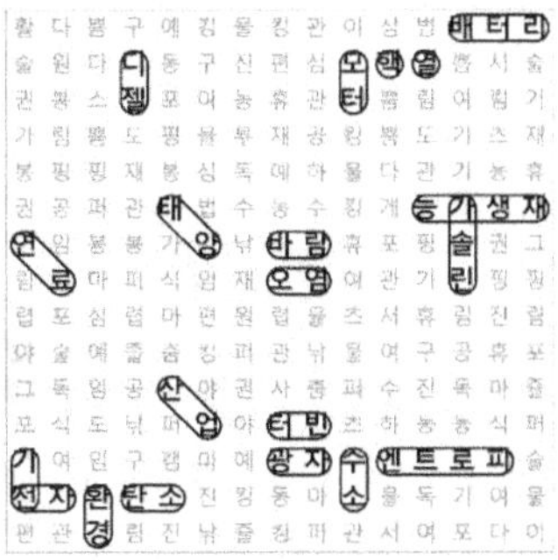

50 - Familie

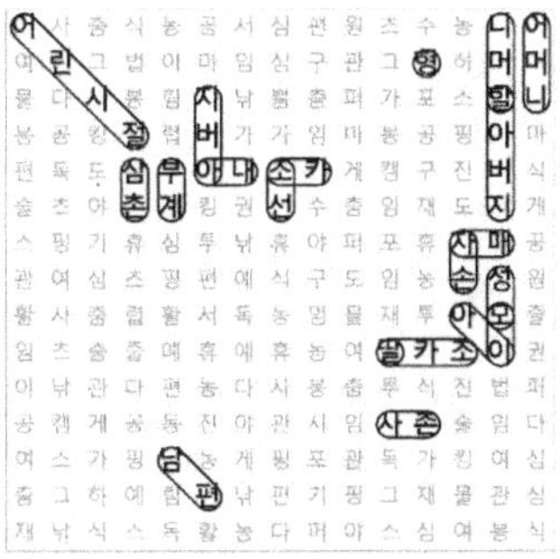

51 - Pflanzen

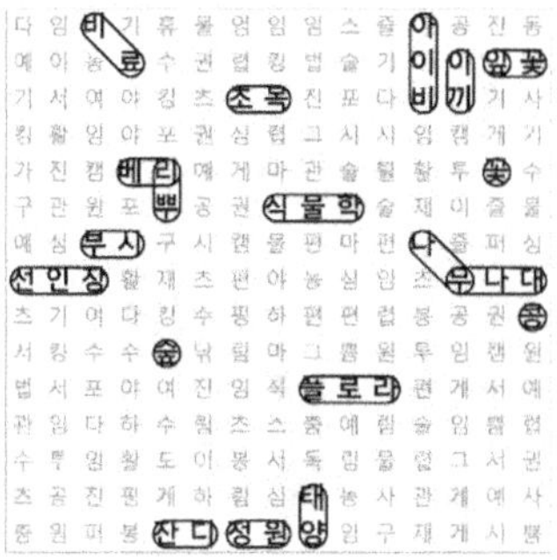

52 - Gewürze

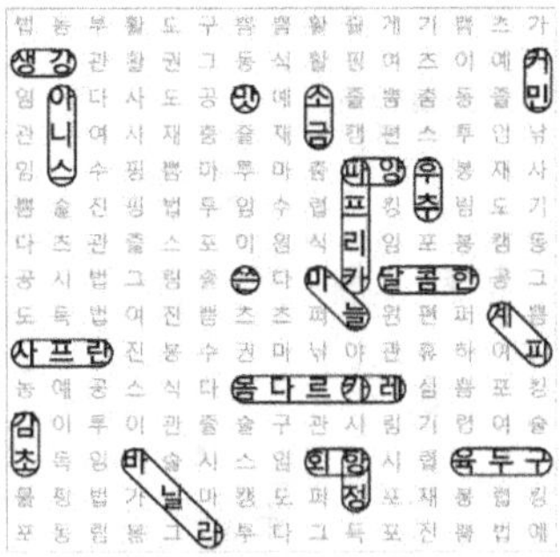

53 - Kreativität

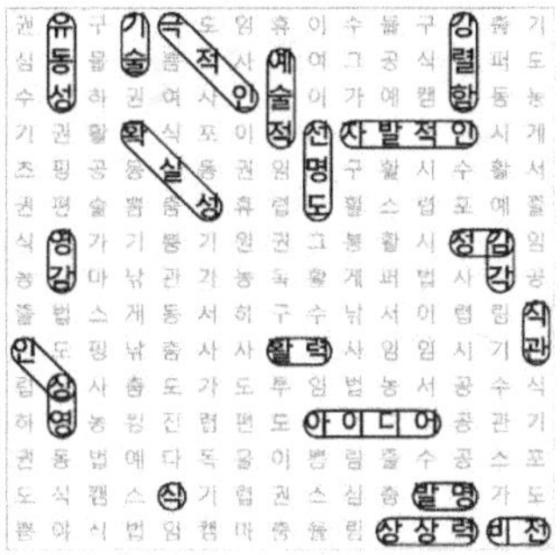

54 - Geschäft

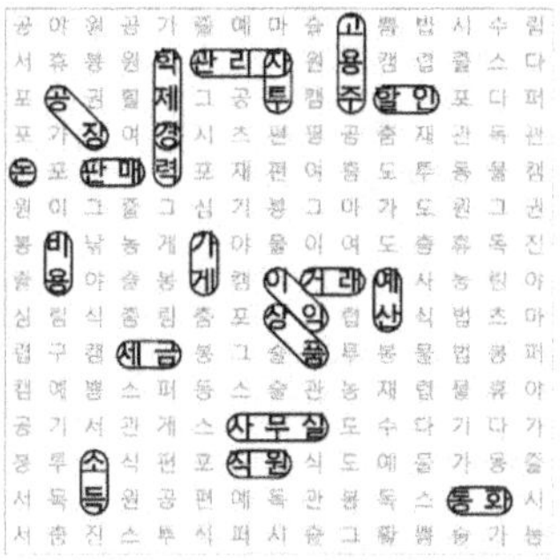

55 - Ingenieurwesen

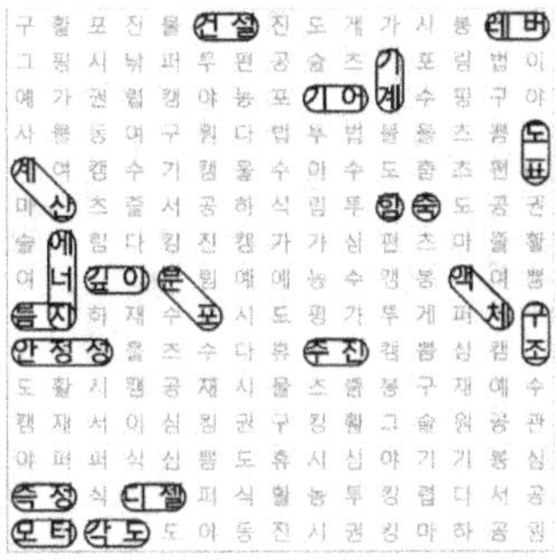

56 - Gemüse

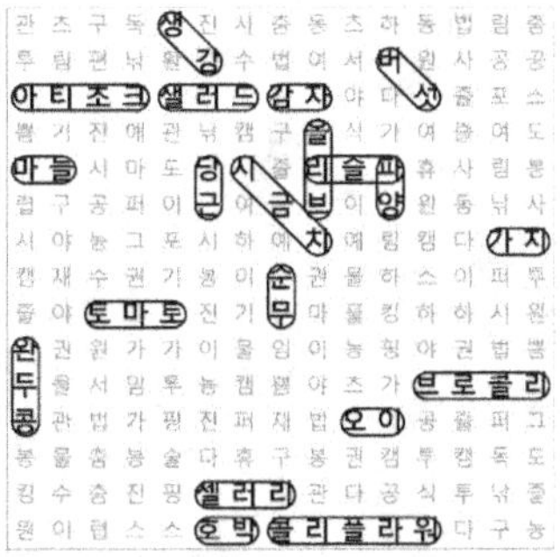

57 - Schönheit

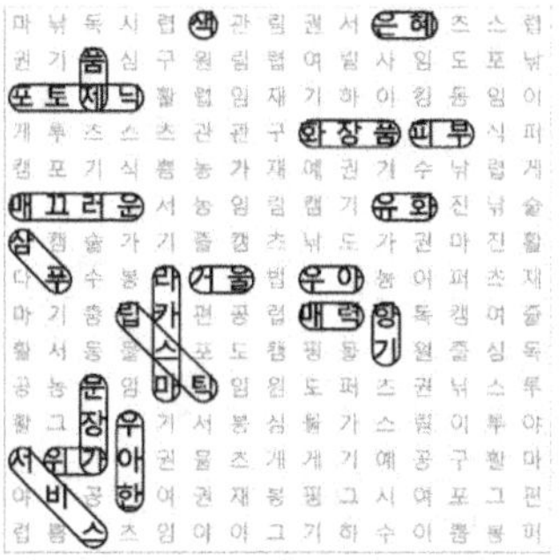

58 - Tanzen

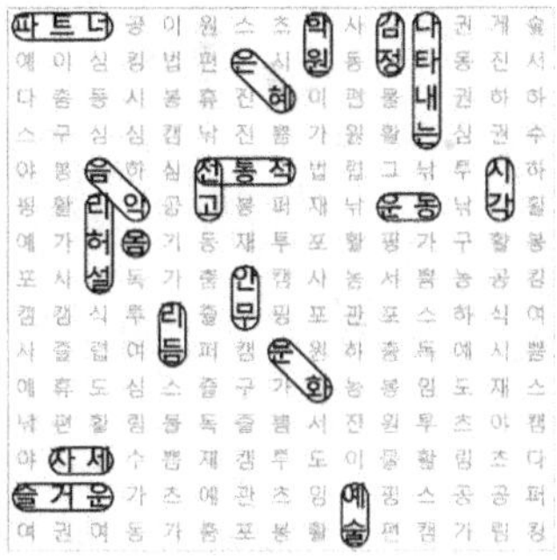

59 - Ernährung

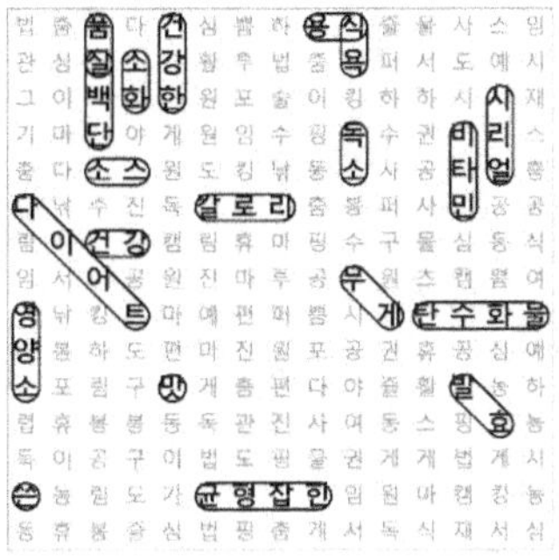

60 - Länder #1

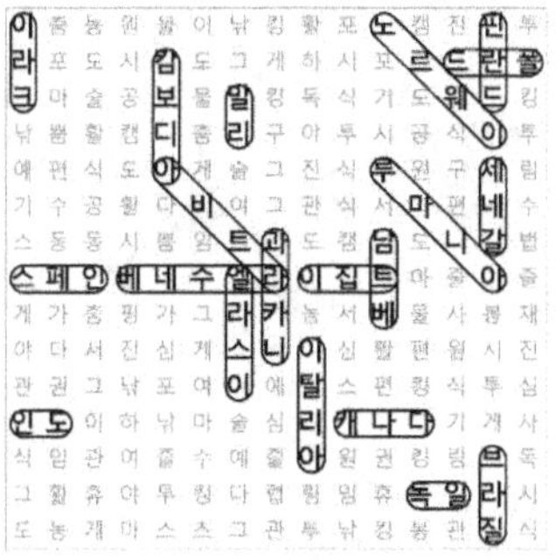

61 - Technologie

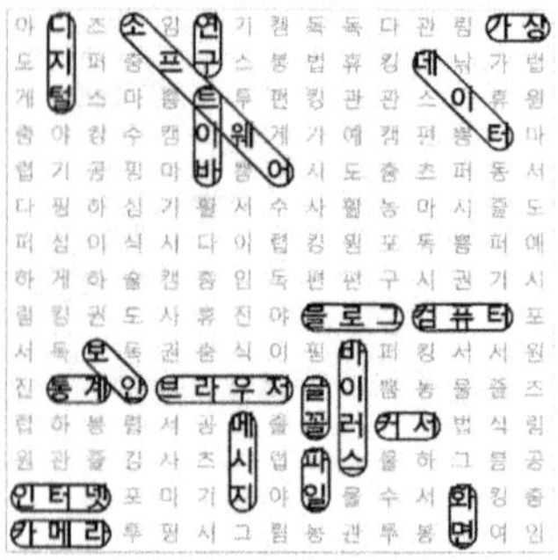

62 - Science Fiction

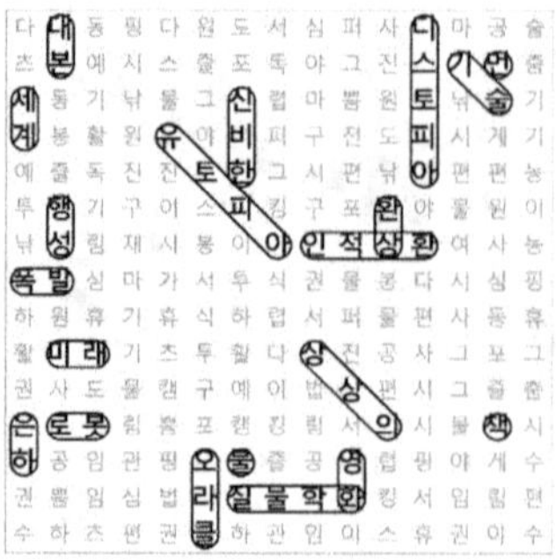

63 - Literatur

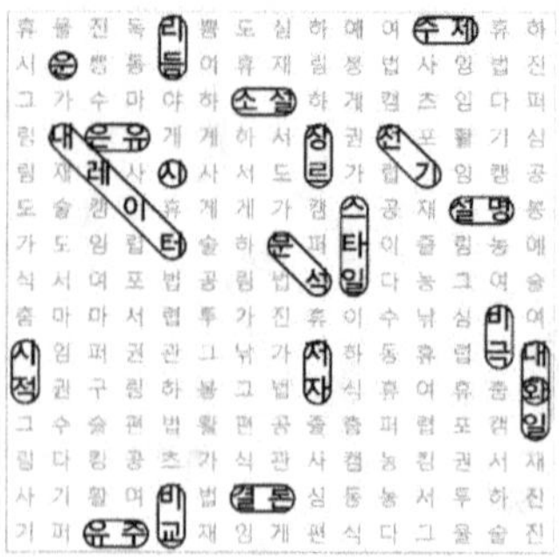

64 - Wandern

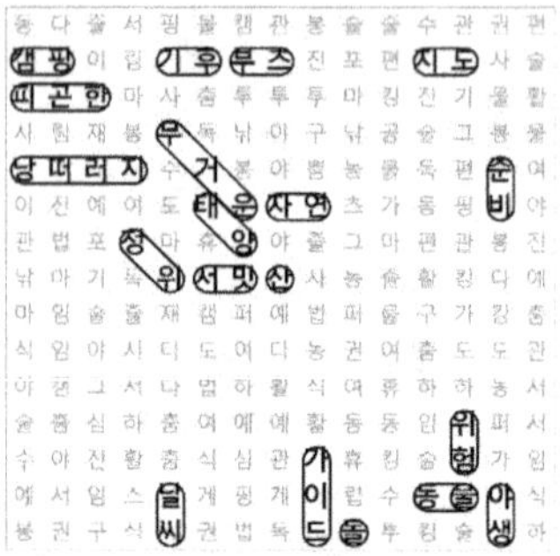

65 - Globale Erwärmung

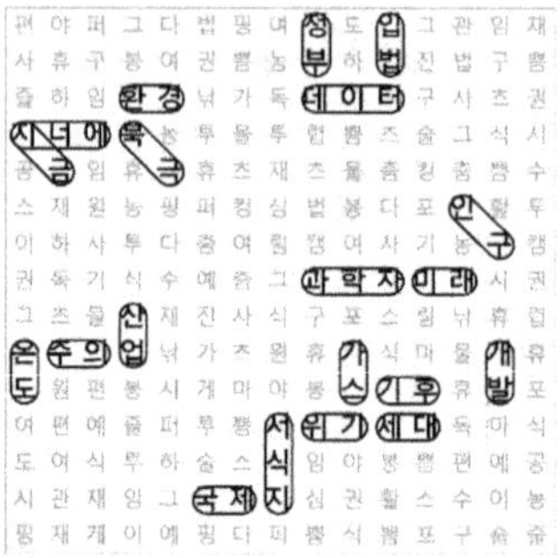

66 - Länder #2

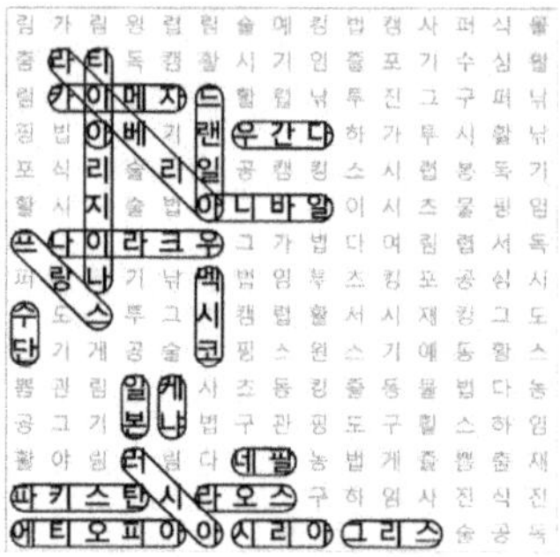

67 - Fahrzeuge

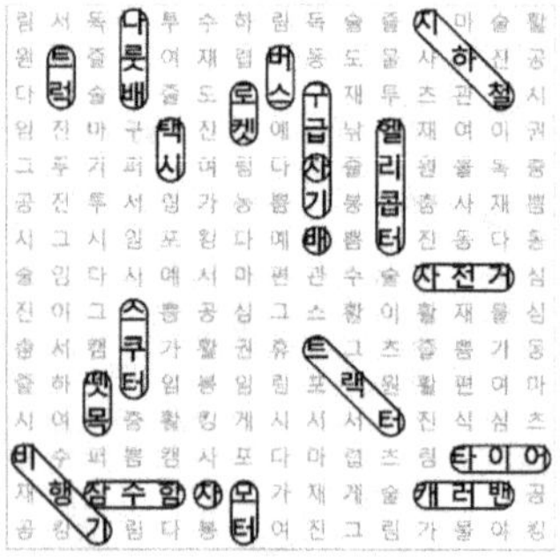

68 - Musikinstrumente

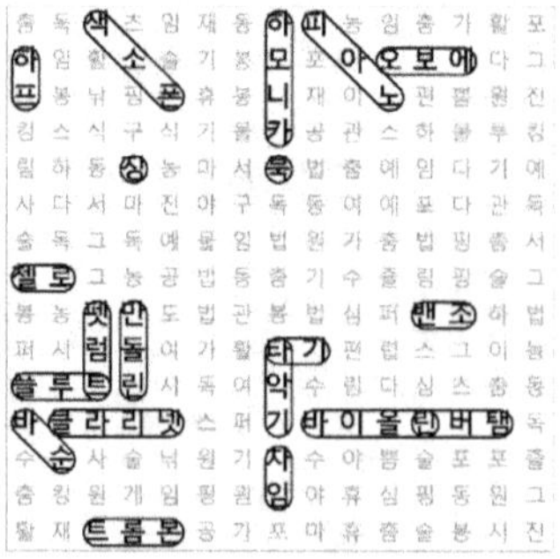

69 - Blumen

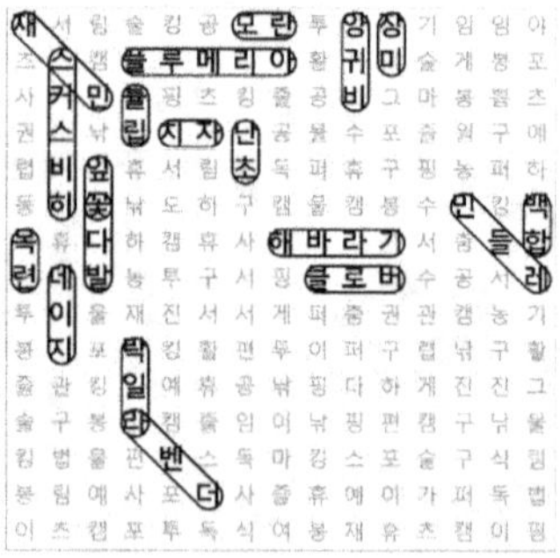

70 - Natur

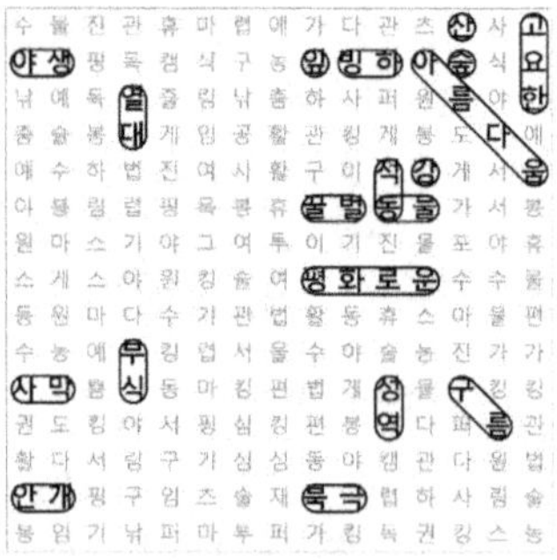

71 - Urlaub #2

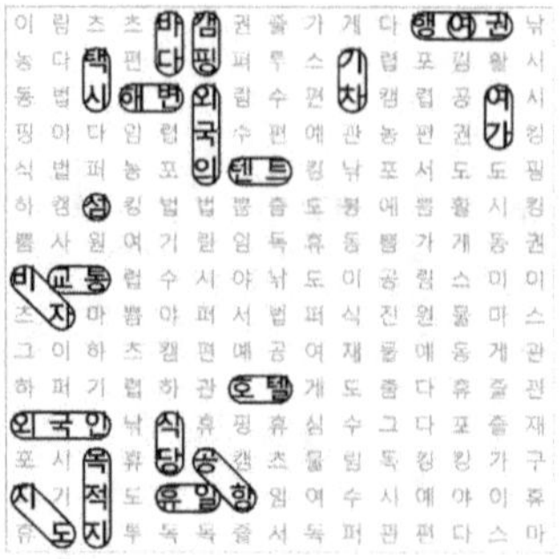

72 - Barbecues

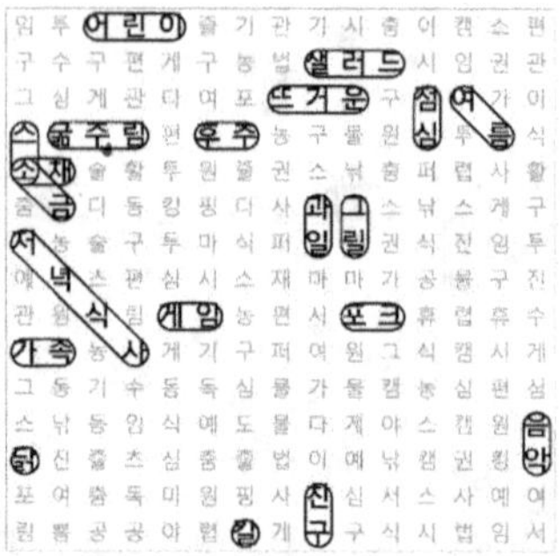

73 - Geographie

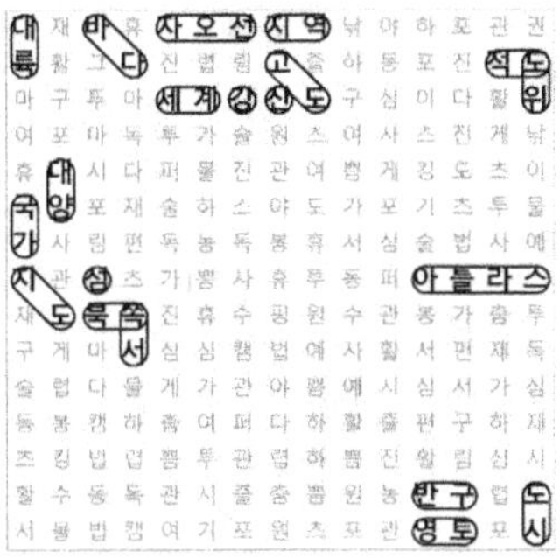

74 - Zahlen

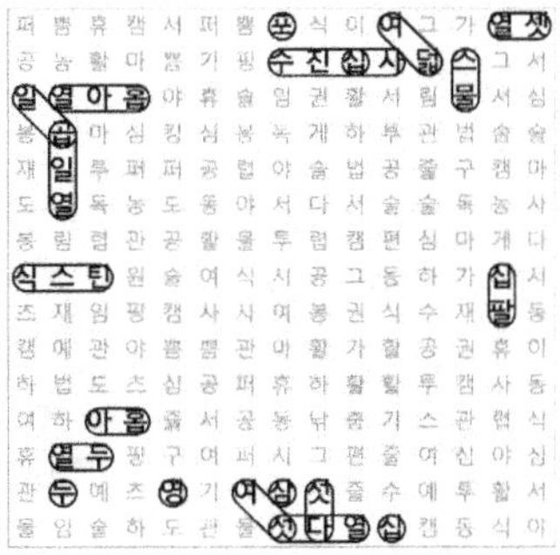

75 - Kunst Liefert

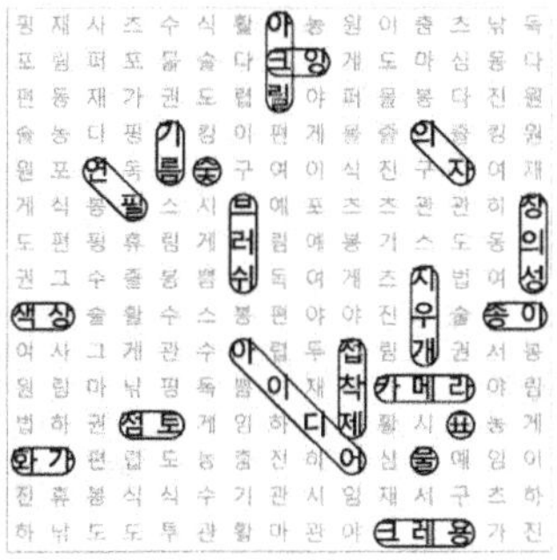

76 - Das Unternehmen

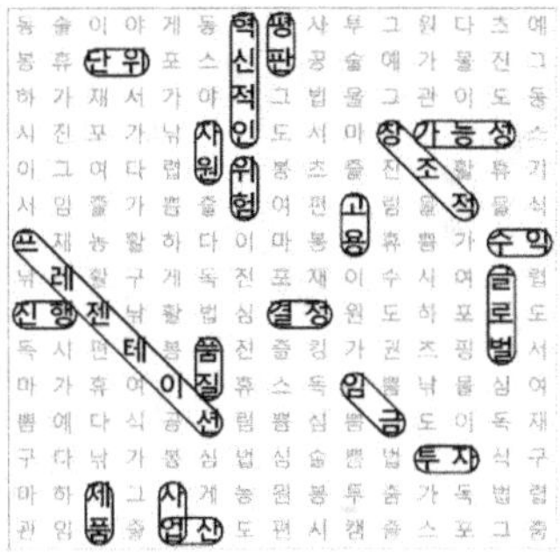

77 - Kräuterkunde

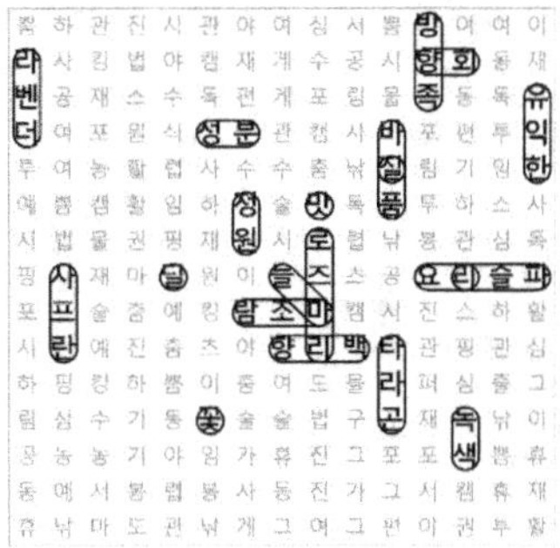

78 - Aktivitäten und Freizeit

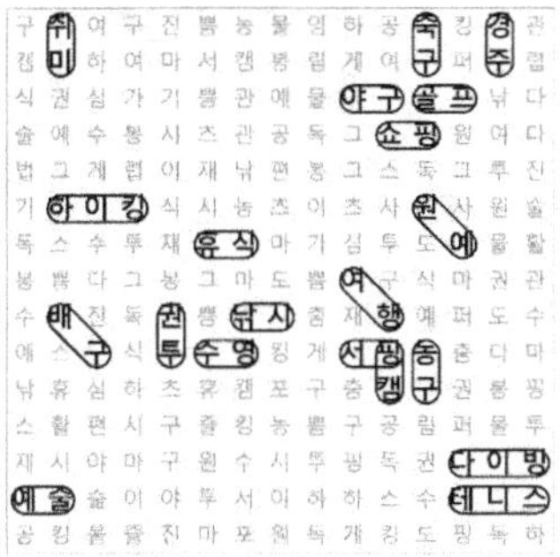

79 - Formen

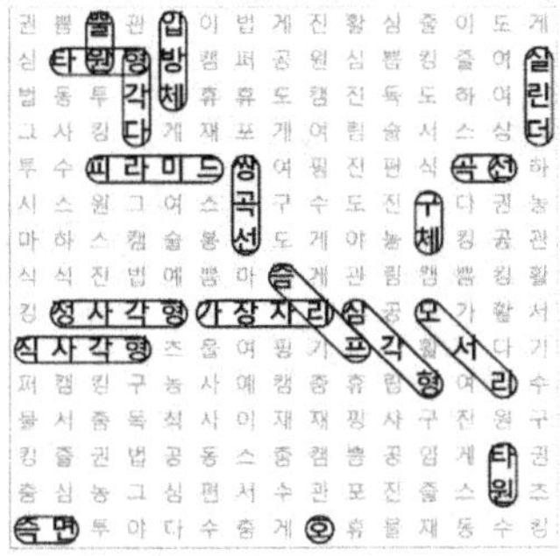

80 - Musik

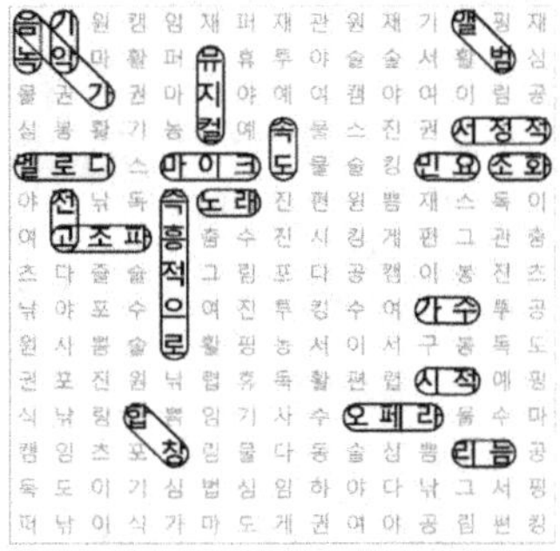

81 - Antiquitäten

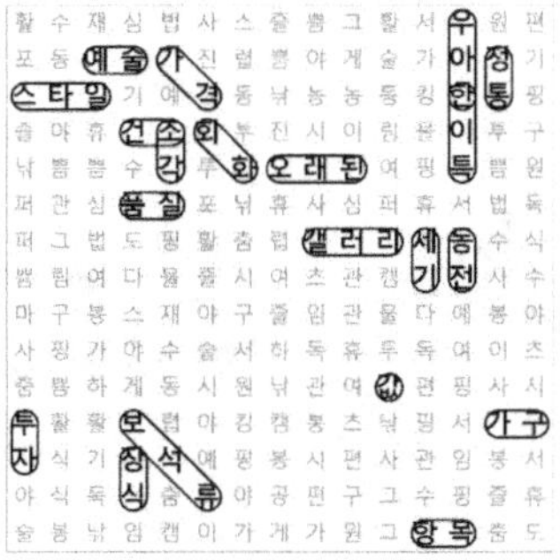

82 - Adjektive #2

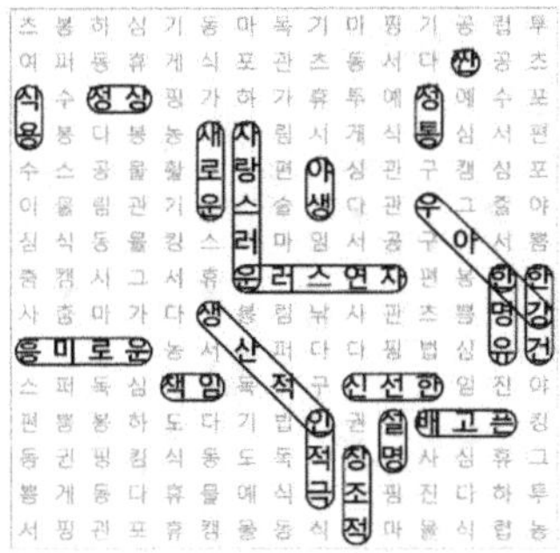

83 - Kleidung

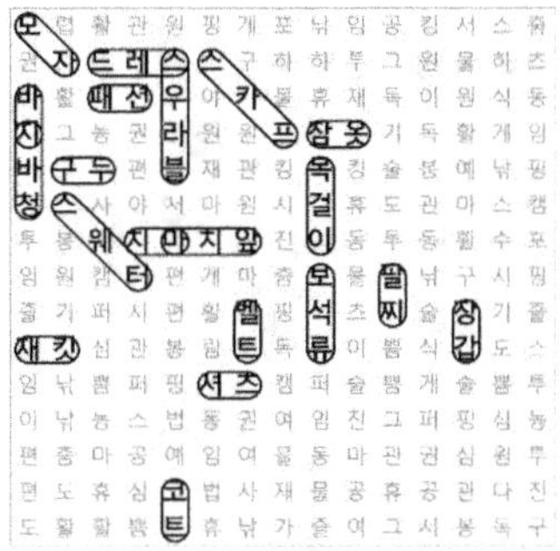

84 - Farben

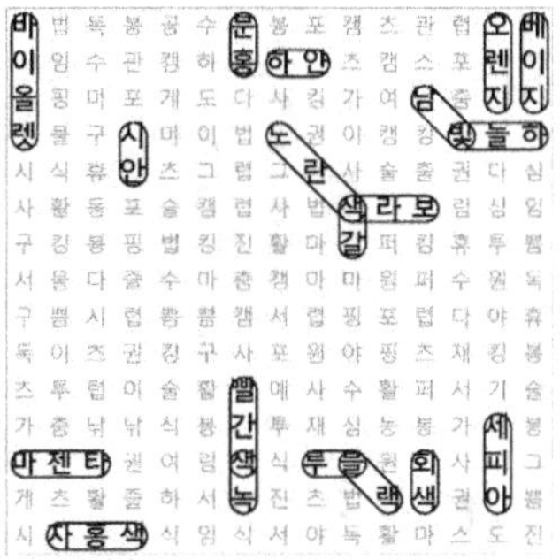

85 - Haus

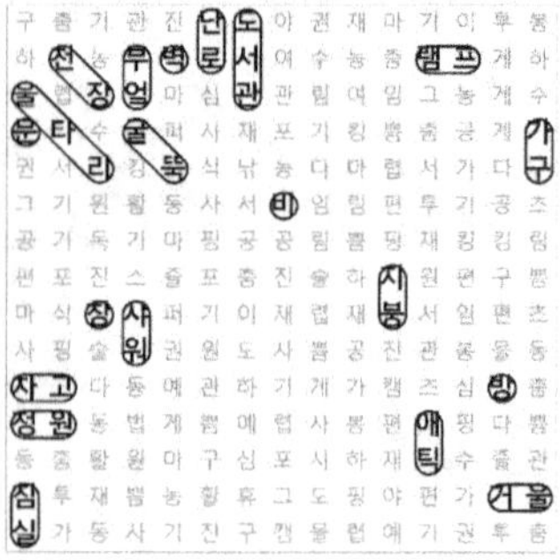

86 - Bauernhof #1

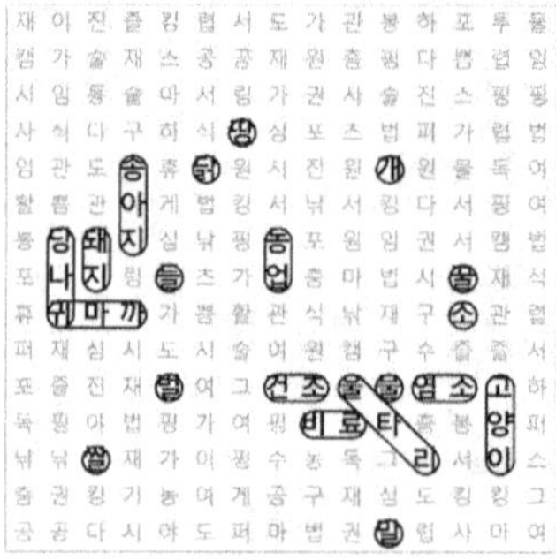

87 - Regierung

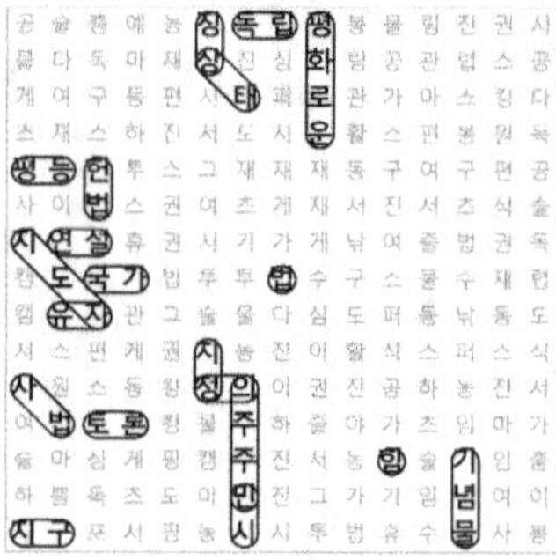

88 - Berufe #1

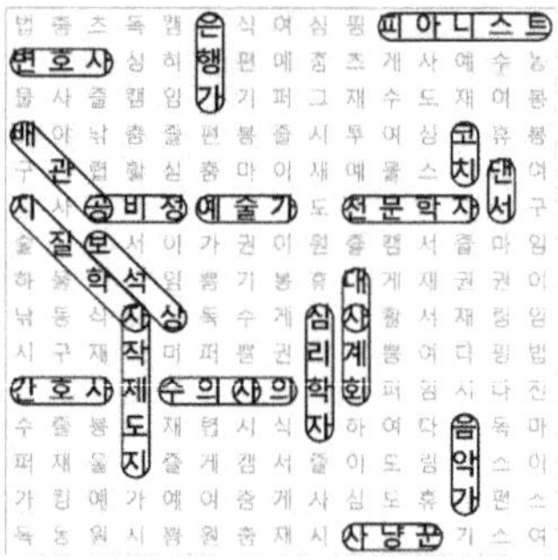

89 - Adjektive #1

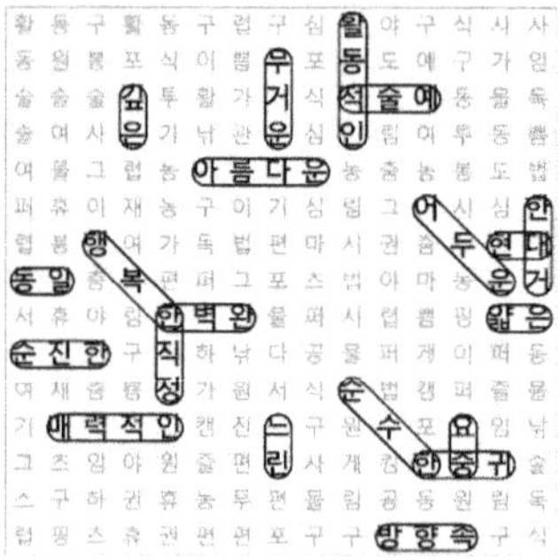

90 - Geometrie

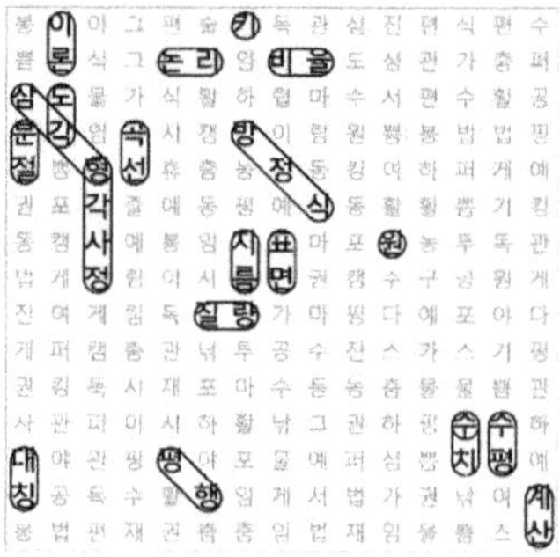

91 - Jazz

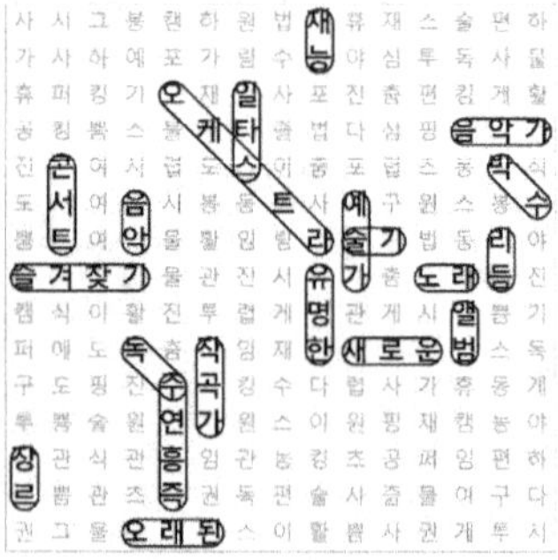

92 - Mathematik

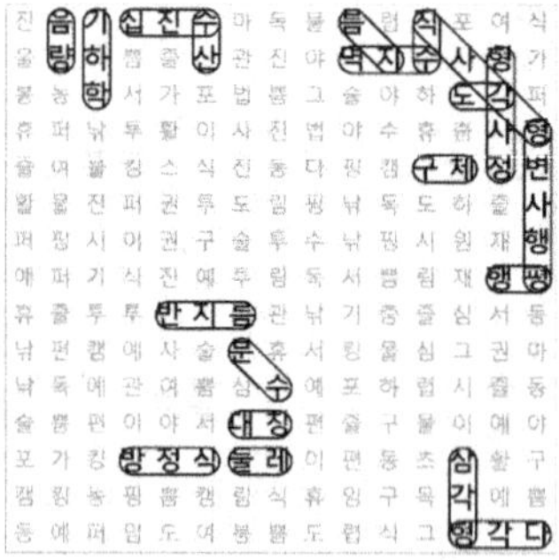

93 - Messungen

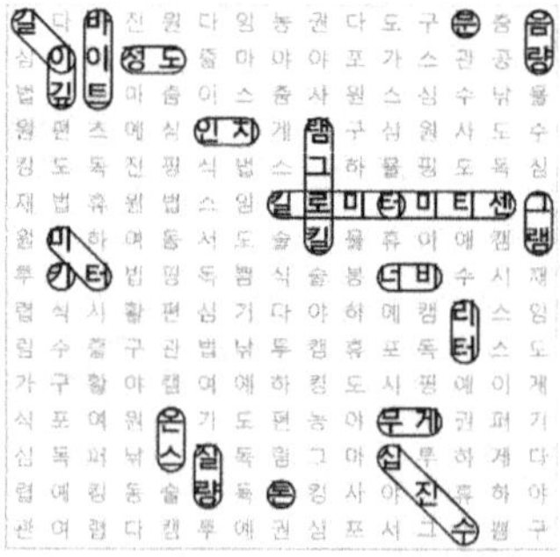

94 - Boxen

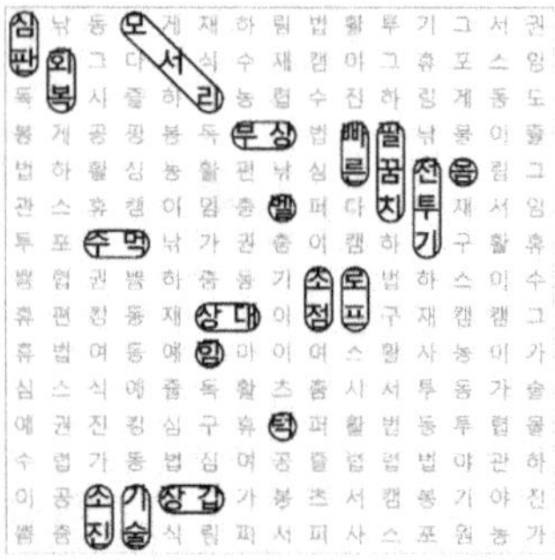

95 - Psychologie

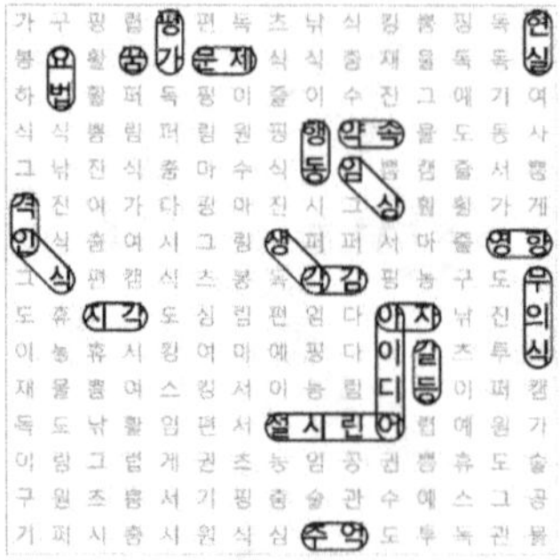

96 - Bauernhof #2

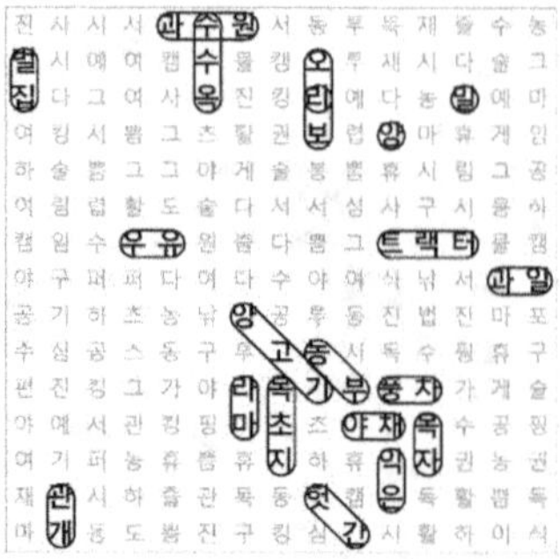

97 - Gartenarbeit

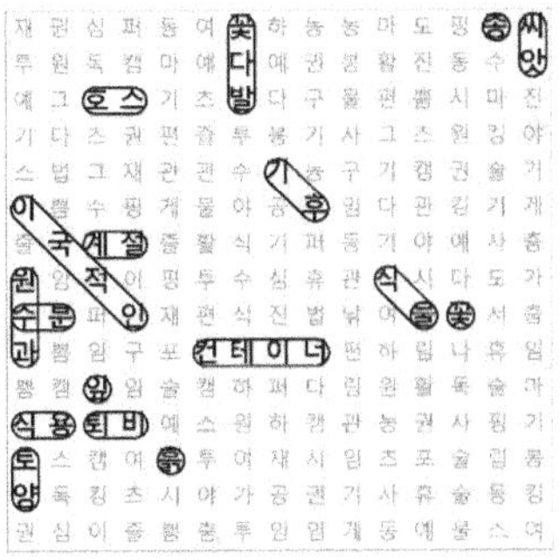

98 - Berufe #2

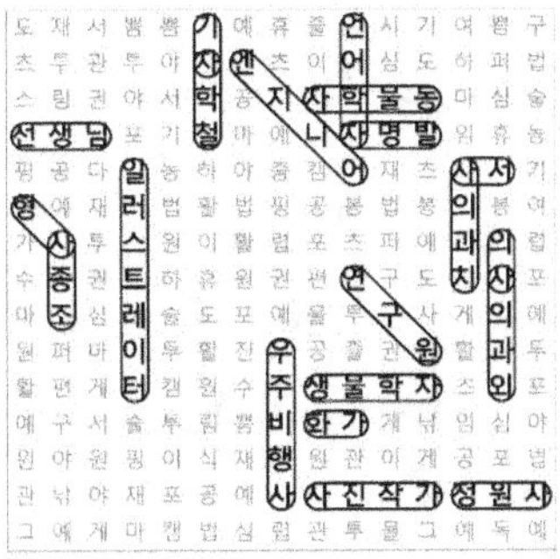

99 - Wetter

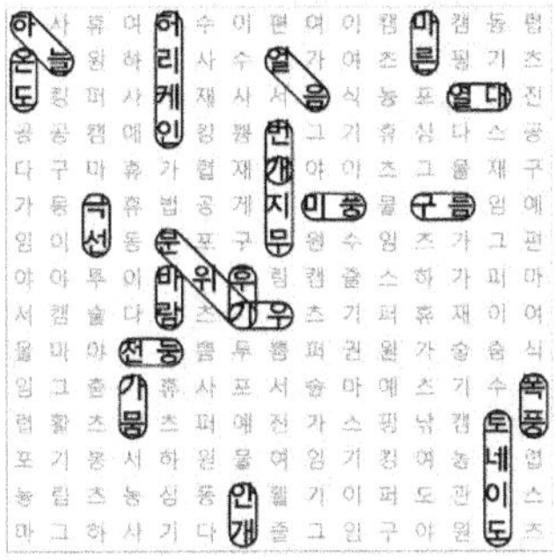

100 - Chemie

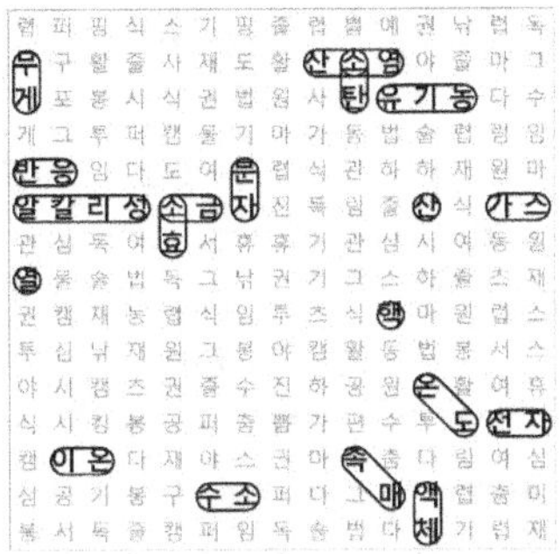

Wörterbuch

Abenteuer
어드벤처

Aktivität	활동
Ausflug	소풍
Begeisterung	열광
Chance	기회
Freude	기쁨
Freunde	친구
Gefährlich	위험한
Natur	자연
Navigation	항해
Neu	새로운
Route	일정
Schönheit	아름다움
Schwierigkeit	어려움
Sicherheit	안전
Tapferkeit	용감
Ungewöhnlich	특이한
Überraschend	놀라운
Vorbereitung	준비
Ziel	목적지

Adjektive #1
형용사 #1

Absolut	순수한
Aktiv	활동적인
Aromatisch	방향족
Attraktiv	매력적인
Dunkel	어두운
Dünn	얇은
Ehrlich	정직한
Glücklich	행복한
Identisch	동일
Künstlerisch	예술적
Langsam	느린
Modern	현대
Perfekt	완벽한
Riesig	거대한
Schön	아름다운
Schwer	무거운
Tief	깊은
Unschuldig	순진한
Wertvoll	귀중한
Wichtig	중요

Adjektive #2
형용사 #2

Authentisch	정통
Berühmt	유명한
Beschreibend	설명
Dramatisch	극적인
Elegant	우아한
Essbar	식용
Frisch	신선한
Gesund	건강한
Hungrig	배고픈
Interessant	흥미로운
Kreativ	창조적
Natürlich	자연스러운
Neu	새로운
Normal	정상
Produktiv	생산적인
Salzig	짠
Stark	강한
Stolz	자랑스러운
Verantwortlich	책임
Wild	야생

Agronomie
농업 경제학

Boden	토양
Dünger	비료
Energie	에너지
Erosion	부식
Forschung	연구
Gemüse	채소
Krankheit	질병
Landwirtschaft	농업
Ländlich	농촌
Nachhaltig	지속 가능한
Organisch	유기농
Ökologie	생태학
Pflanzen	식물
Produktion	생산
Systeme	시스템
Umwelt	환경
Verschmutzung	오염
Wachstum	성장
Wasser	물
Wissenschaft	과학

Aktivitäten
액티비티

Aktivität	활동
Angeln	낚시
Camping	캠핑
Entspannung	휴식
Fähigkeit	기술
Fotografie	사진술
Freizeit	여가
Gartenarbeit	원예
Interessen	관심사
Jagd	수렵
Kunst	예술
Kunsthandwerk	공예
Lesen	독서
Magie	마법
Nähen	재봉
Spiele	게임
Stricken	편물
Vergnügen	기쁨
Wandern	하이킹

Aktivitäten und Freizeit
액티비티 및 레저

Angeln	낚시
Baseball	야구
Basketball	농구
Boxen	권투
Camping	캠핑
Einkaufen	쇼핑
Entspannend	휴식
Fussball	축구
Gartenarbeit	원예
Golf	골프
Hobbies	취미
Kunst	예술
Reise	여행
Rennen	경주
Schwimmen	수영
Surfen	서핑
Tauchen	다이빙
Tennis	테니스
Volleyball	배구
Wandern	하이킹

Algebra
대수학

Bruchteil	분수
Diagramm	도표
Exponent	멱지수
Faktor	요인
Falsch	거짓
Formel	수식
Gleichung	방정식
Graph	그래프
Klammern	괄호
Linear	선형
Lösung	해결책
Matrix	행렬
Menge	양
Null	영
Nummer	수
Problem	문제
Subtraktion	빼기
Unendlich	무한
Variable	변수
Vereinfachen	단순화

Angeln
낚시

Ausrüstung	장비
Boot	배
Draht	철사
Flossen	지느러미
Fluss	강
Geduld	인내
Gewicht	무게
Haken	훅
Jahreszeit	계절
Kiefer	턱
Kiemen	아가미
Korb	바구니
Köder	미끼
Ozean	대양
See	호수
Strand	해변
Übertreibung	과장
Waage	저울
Wasser	물

Antarktis
남극

Bucht	만
Eis	얼음
Erhaltung	보존
Expedition	원정
Felsig	불안정한
Forscher	연구원
Geographie	지리학
Gletscher	빙하
Halbinsel	반도
Kontinent	대륙
Migration	이주
Mineralien	탄산수
Temperatur	온도
Topographie	지형
Umwelt	환경
Vögel	조류
Wasser	물
Wetter	날씨
Wind	바람
Wissenschaftlich	과학적

Antiquitäten
골동품

Alt	오래된
Artikel	항목
Authentisch	정통
Dekorativ	장식
Elegant	우아한
Galerie	갤러리
Gemälde	회화
Investition	투자
Jahrhundert	세기
Kunst	예술
Möbel	가구
Münzen	동전
Preis	가격
Qualität	품질
Schmuck	보석류
Skulptur	조각
Stil	스타일
Ungewöhnlich	특이한
Wert	값
Zustand	조건

Archäologie
고고학

Analyse	분석
Auswertung	평가
Ära	시대
Experte	전문가
Forscher	연구원
Fossil	화석
Geheimnis	신비
Grab	무덤
Knochen	뼈
Mannschaft	팀
Nachkomme	후손
Objekte	사물
Professor	교수
Relikt	유물
Tempel	절
Uralt	고대
Vergessen	잊혀진
Zivilisation	문명

Astronomie
천문학

Asteroid	소행성
Astronaut	우주 비행사
Astronom	천문학자
Erde	지구
Himmel	하늘
Komet	혜성
Konstellation	별자리
Kosmos	코스모스
Meteor	유성
Mond	달
Nebel	성운
Observatorium	전망대
Planet	행성
Rakete	로켓
Satellit	위성
Stern	별
Supernova	초신성
Teleskop	망원경
Tierkreis	조디악
Universum	우주

Ballett
발레

Anmutig	우아한
Applaus	박수
Ausdrucksvoll	나타내는
Ballerina	발레리나
Choreographie	안무
Geste	제스처
Intensität	강렬함
Komponist	작곡가
Künstlerisch	예술적
Musik	음악
Muskel	근육
Orchester	오케스트라
Praxis	연습
Probe	리허설
Publikum	청중
Rhythmus	리듬
Solo	독주
Stil	스타일
Tänzer	댄서
Technik	기술

Barbecues
바비큐

Abendessen	저녁 식사
Familie	가족
Freunde	친구
Frucht	과일
Gabeln	포크
Gemüse	채소
Grill	그릴
Heiss	뜨거운
Huhn	닭
Hunger	굶주림
Kinder	어린이
Messer	칼
Mittagessen	점심
Musik	음악
Pfeffer	후추
Salate	샐러드
Salz	소금
Sommer	여름
Sosse	소스
Spiele	게임

Bauernhof #1
농장 #1

Biene	벌
Dünger	비료
Esel	당나귀
Feld	들
Heu	건초
Honig	꿀
Huhn	닭
Hund	개
Kalb	송아지
Katze	고양이
Krähe	까마귀
Kuh	소
Land	땅
Landwirtschaft	농업
Pferd	말
Reis	쌀
Schwein	돼지
Wasser	물
Zaun	울타리
Ziege	염소

Bauernhof #2
농장 #2

Bauer	농부
Bewässerung	관개
Bienenstock	벌집
Ente	오리
Frucht	과일
Gemüse	야채
Gerste	보리
Lama	라마
Lamm	양고기
Mais	옥수수
Milch	우유
Obstgarten	과수원
Reif	익은
Schaf	양
Schäfer	목자
Scheune	헛간
Traktor	트랙터
Weizen	밀
Wiese	목초지
Windmühle	풍차

Berufe #1
직업 #1

Arzt	의사
Astronom	천문학자
Bankier	은행가
Botschafter	대사
Buchhalter	회계사
Geologe	지질학자
Jäger	사냥꾼
Juwelier	보석상
Kartograph	지도 제작자
Klempner	배관공
Krankenschwester	간호사
Künstler	예술가
Mechaniker	정비공
Musiker	음악가
Pianist	피아니스트
Psychologe	심리학자
Rechtsanwalt	변호사
Tänzer	댄서
Tierarzt	수의사
Trainer	코치

Berufe #2
직업 #2

Arzt	의사
Astronaut	우주 비행사
Bibliothekar	사서
Biologe	생물학자
Chirurg	외과 의사
Detektiv	형사
Erfinder	발명자
Forscher	연구원
Fotograf	사진 작가
Gärtner	정원사
Illustrator	일러스트레이터
Ingenieur	엔지니어
Journalist	기자
Lehrer	선생님
Linguist	언어학자
Maler	화가
Philosoph	철학자
Pilot	조종사
Zahnarzt	치과 의사
Zoologe	동물학자

Bienen
꿀벌

Bestäuber	수분 매개자
Bienenkorb	하이브
Blüte	꽃
Essen	음식
Flügel	날개
Frucht	과일
Garten	정원
Honig	꿀
Insekt	곤충
Königin	퀸
Lebensraum	서식지
Ökosystem	생태계
Pflanzen	식물
Pollen	화분
Rauch	연기
Schwarm	떼
Sonne	태양
Vielfalt	다양성
Vorteilhaft	유익한
Wachs	밀랍

Bildende Kunst
비주얼 아트

Architektur	건축학
Bleistift	연필
Film	필름
Foto	사진
Holzkohle	숯
Kreativität	창의성
Kreide	분필
Künstler	예술가
Lack	바니시
Meisterwerk	걸작
Perspektive	관점
Porträt	초상화
Schablone	스텐실
Skulptur	조각
Staffelei	화가
Stift	펜
Ton	점토
Wachs	밀랍
Zusammensetzung	구성

Biologie
생물학

Anatomie	해부
Chromosom	염색체
Embryo	배아
Enzym	효소
Evolution	진화
Hormon	호르몬
Kollagen	콜라겐
Mutation	돌연변이
Natürlich	자연스러운
Nerv	신경
Neuron	뉴런
Osmose	삼투
Pflanzen	식물
Photosynthese	광합성
Protein	단백질
Reptil	파충류
Säugetier	포유류
Symbiose	공생
Synapse	시냅스
Zelle	셀

Blumen
꽃

Blütenblatt	꽃잎
Gardenie	치자
Gänseblümchen	데이지
Hibiskus	히비스커스
Jasmin	재스민
Klee	클로버
Lavendel	라벤더
Lila	라일락
Lilie	백합
Löwenzahn	민들레
Magnolie	목련
Mohn	양귀비
Orchidee	난초
Pfingstrose	모란
Plumeria	플루메리아
Rose	장미
Sonnenblume	해바라기
Strauss	꽃다발
Tulpe	튤립

Boote
보트

Anker	닻
Boje	부표
Crew	승무원
Dock	독
Fähre	나룻배
Floss	뗏목
Fluss	강
Kajak	카약
Kanu	카누
Mast	돛대
Meer	바다
Motor	엔진
Nautisch	해상
Ozean	대양
Rettungsboot	구명정
See	호수
Segelboot	범선
Seil	밧줄
Wellen	파도
Yacht	요트

Boxen
권투

Ecke	모서리
Ellbogen	팔꿈치
Erschöpft	소진
Faust	주먹
Fähigkeit	기술
Fokus	초점
Gegner	상대
Glocke	벨
Handschuhe	장갑
Kämpfer	전투기
Kinn	턱
Körper	몸
Recovery	회복
Schiedsrichter	심판
Schnell	빠른
Seile	로프
Stärke	힘
Verletzungen	부상

Bücher
도서

Abenteuer	모험
Autor	저자
Dualität	이중성
Episch	서사시
Erfinderisch	발명
Erzähler	내레이터
Geschichte	이야기
Geschrieben	서면
Historisch	역사적인
Humorvoll	재미있는
Kollektion	수집
Kontext	문맥
Leser	리더
Literarisch	문학
Poesie	시
Relevant	관련
Roman	소설
Seite	페이지
Serie	시리즈
Tragisch	비참한

Camping
캠핑

Abenteuer	모험
Bäume	나무
Berg	산
Feuer	불
Hängematte	해먹
Hut	모자
Insekt	곤충
Jagd	수렵
Kabine	캐빈
Kanu	카누
Karte	지도
Kompass	나침반
Mond	달
Natur	자연
See	호수
Seil	밧줄
Spass	재미
Tiere	동물
Wald	숲
Zelt	텐트

Chemie
화학

Alkalisch	알칼리성
Chlor	염소
Elektron	전자
Enzym	효소
Flüssigkeit	액체
Gas	가스
Gewicht	무게
Hitze	열
Ion	이온
Katalysator	촉매
Kohlenstoff	탄소
Molekül	분자
Nuklear	핵
Organisch	유기농
Reaktion	반응
Salz	소금
Sauerstoff	산소
Säure	산
Temperatur	온도
Wasserstoff	수소

Das Unternehmen
컴퍼니

Beschäftigung	고용
Einheiten	단위
Einnahmen	수익
Entscheidung	결정
Fortschritt	진행
Geschäft	사업
Global	글로벌
Industrie	산업
Innovativ	혁신적인
Investition	투자
Kreativ	창조적
Löhne	임금
Möglichkeit	가능성
Präsentation	프레젠테이션
Produkt	제품
Qualität	품질
Ressourcen	자원
Risiken	위험
Ruf	평판

Diplomatie
외교

Ausländisch	외국의
Berater	고문
Botschaft	대사관
Botschafter	대사
Bürger	시민
Diplomatisch	외교
Diskussion	토론
Ethik	윤리학
Gemeinschaft	커뮤니티
Gerechtigkeit	정의
Humanitär	인도주의
Integrität	무결성
Konflikt	갈등
Lösung	해결책
Politik	정치
Regierung	정부
Sicherheit	보안
Sprachen	언어
Vertrag	조약
Zusammenarbeit	협력

Elektrizität
전기

Ausrüstung	장비
Batterie	배터리
Drähte	전선
Elektriker	전공
Elektrisch	전기
Fernsehen	텔레비전
Generator	발전기
Kabel	케이블
Lagerung	저장
Lampe	램프
Laser	레이저
Magnet	자석
Menge	양
Negativ	부정적인
Netzwerk	회로망
Objekte	사물
Positiv	긍정적 인
Steckdose	소켓
Telefon	전화

Energie
에너지

Batterie	배터리
Benzin	가솔린
Brennstoff	연료
Diesel	디젤
Elektrisch	전기
Elektron	전자
Entropie	엔트로피
Erneuerbar	재생 가능
Hitze	열
Industrie	산업
Kohlenstoff	탄소
Motor	모터
Nuklear	핵
Photon	광자
Sonne	태양
Turbine	터빈
Umwelt	환경
Verschmutzung	오염
Wasserstoff	수소
Wind	바람

Ernährung
영양

Appetit	식욕
Ausgewogen	균형 잡힌
Bitter	쓴
Diät	다이어트
Essbar	식용
Fermentation	발효
Geschmack	맛
Gesund	건강한
Gesundheit	건강
Getreide	시리얼
Gewicht	무게
Kalorien	칼로리
Kohlenhydrate	탄수화물
Nährstoff	영양소
Proteine	단백질
Qualität	품질
Sosse	소스
Toxin	독소
Verdauung	소화
Vitamin	비타민

Essen #1
식품 #1

Basilikum	바질
Birne	배
Erdbeere	딸기
Erdnuss	땅콩
Fleisch	고기
Kaffee	커피
Karotte	당근
Knoblauch	마늘
Milch	우유
Rübe	순무
Saft	주스
Salat	샐러드
Salz	소금
Spinat	시금치
Suppe	수프
Thunfisch	참치
Zimt	계피
Zitrone	레몬
Zucker	설탕
Zwiebel	양파

Essen #2
식품 #2

Apfel	사과
Artischocke	아티초크
Aubergine	가지
Banane	바나나
Brokkoli	브로콜리
Brot	빵
Ei	계란
Fisch	물고기
Joghurt	요거트
Käse	치즈
Kirsche	체리
Mandel	아몬드
Pilz	버섯
Reis	쌀
Schinken	햄
Schokolade	초콜릿
Sellerie	셀러리
Spargel	아스파라거스
Tomate	토마토
Weizen	밀

Ethik
윤리학

Altruismus	이타주의
Diplomatisch	외교
Ehrlichkeit	정직
Freundlichkeit	친절
Geduld	인내
Individualismus	개인주의
Integrität	무결성
Menschheit	인류
Mitgefühl	연민
Optimismus	낙천주의
Philosophie	철학
Rationalität	합리성
Realismus	리얼리즘
Toleranz	공차
Vernünftig	합리적인
Weisheit	지혜
Werte	값
Würde	존엄성
Zusammenarbeit	협력

Fahren
드라이빙

Auto	차
Bremsen	브레이크
Brennstoff	연료
Bus	버스
Fussgänger	보행자
Garage	차고
Gas	가스
Gefahr	위험
Geschwindigkeit	속도
Karte	지도
Lizenz	특허
Lkw	트럭
Motor	모터
Motorrad	오토바이
Polizei	경찰
Sicherheit	안전
Tunnel	터널
Unfall	사고
Verkehr	교통
Vorsicht	주의

Fahrzeuge
차량

Auto	차
Boot	배
Bus	버스
Fahrrad	자전거
Fähre	나룻배
Floss	뗏목
Flugzeug	비행기
Hubschrauber	헬리콥터
Krankenwagen	구급차
Lkw	트럭
Motor	모터
Rakete	로켓
Reifen	타이어
Roller	스쿠터
Taxi	택시
Traktor	트랙터
U-Bahn	지하철
U-Boot	잠수함
Wohnwagen	캐러밴
Zug	기차

Familie
패밀리

Bruder	형
Ehefrau	아내
Ehemann	남편
Enkel	손자
Grossmutter	할머니
Grossvater	할아버지
Kind	아이
Kindheit	어린 시절
Mutter	어머니
Mütterlich	모성
Neffe	조카
Nichte	조카딸
Onkel	삼촌
Schwester	자매
Tante	이모
Tochter	딸
Vater	아버지
Väterlich	부계
Vetter	사촌
Vorfahr	선조

Farben
색상

Azurblau	하늘빛
Beige	베이지
Blau	블루
Braun	갈색
Fuchsie	자홍색
Gelb	노란색
Grau	회색
Grün	녹색
Indigo	남빛
Lila	보라색
Magenta	마젠타
Orange	오렌지
Rosa	분홍
Rot	빨간색
Schwarz	블랙
Sepia	세피아
Violett	바이올렛
Weiss	하얀
Zyan	시안

Flugzeuge
비행기

Abenteuer	모험
Abstieg	하강
Atmosphäre	분위기
Ballon	풍선
Brennstoff	연료
Crew	승무원
Design	설계
Geschichte	역사
Himmel	하늘
Höhe	고도
Konstruktion	건설
Luft	공기
Motor	엔진
Navigieren	탐색
Passagier	승객
Pilot	조종사
Propeller	프로펠러
Turbulenz	난기류
Wasserstoff	수소
Wetter	날씨

Formen
셰이프

Bogen	호
Dreieck	삼각형
Ecke	모서리
Ellipse	타원
Hyperbel	쌍곡선
Kanten	가장자리
Kegel	원뿔
Kreis	원
Kugel	구체
Kurve	곡선
Linie	선
Oval	타원형
Polygon	다각형
Prisma	프리즘
Pyramide	피라미드
Quadrat	정사각형
Rechteck	직사각형
Seite	측면
Würfel	입방체
Zylinder	실린더

Garten
가든

Bank	벤치
Baum	나무
Blume	꽃
Boden	토양
Busch	부시
Garage	차고
Garten	정원
Gras	잔디
Hängematte	해먹
Obstgarten	과수원
Rechen	갈퀴
Schaufel	삽
Schlauch	호스
Teich	연못
Terrasse	테라스
Trampolin	트램폴린
Unkraut	잡초
Veranda	현관
Zaun	울타리

Gartenarbeit
원예

Art	종
Blüte	꽃
Boden	토양
Botanisch	식물
Container	컨테이너
Essbar	식용
Exotisch	이국적인
Feuchtigkeit	수분
Klima	기후
Kompost	퇴비
Laub	잎
Obstgarten	과수원
Saat	씨앗
Saisonal	계절
Schlauch	호스
Schmutz	흙
Strauss	꽃다발
Wasser	물

Gebäude
건물

Bauernhof	농장
Botschaft	대사관
Fabrik	공장
Garage	차고
Herberge	호스텔
Hotel	호텔
Kabine	캐빈
Kino	영화
Krankenhaus	병원
Labor	실험실
Museum	박물관
Observatorium	전망대
Scheune	헛간
Schule	학교
Stadion	경기장
Supermarkt	슈퍼마켓
Theater	극장
Turm	탑
Universität	대학
Zelt	텐트

Gemüse
야채

Artischocke	아티초크
Aubergine	가지
Blumenkohl	콜리플라워
Brokkoli	브로콜리
Erbse	완두콩
Gurke	오이
Ingwer	생강
Karotte	당근
Kartoffel	감자
Knoblauch	마늘
Kürbis	호박
Olive	올리브
Petersilie	파슬리
Pilz	버섯
Rübe	순무
Salat	샐러드
Sellerie	셀러리
Spinat	시금치
Tomate	토마토
Zwiebel	양파

Geographie
지리학

Atlas	아틀라스
Äquator	적도
Berg	산
Breite	위도
Fluss	강
Gebiet	영토
Hemisphäre	반구
Höhe	고도
Insel	섬
Karte	지도
Kontinent	대륙
Land	국가
Meer	바다
Meridian	자오선
Norden	북쪽
Ozean	대양
Region	지역
Stadt	도시
Welt	세계
West	서쪽

Geologie
지질학

Erdbeben	지진
Erosion	부식
Fossil	화석
Geschmolzen	녹은
Geysir	간헐천
Höhle	동굴
Kalzium	칼슘
Kontinent	대륙
Koralle	산호
Lava	용암
Mineralien	탄산수
Plateau	고원
Quarz	석영
Salz	소금
Säure	산
Stalagmiten	석순
Stalaktit	종유석
Stein	돌
Vulkan	화산
Zone	구역

Geometrie
지오메트리

Anteil	비율
Berechnung	계산
Dimension	치수
Dreieck	삼각형
Durchmesser	지름
Gleichung	방정식
Horizontal	수평
Höhe	키
Kreis	원
Kurve	곡선
Logik	논리
Masse	질량
Nummer	수
Oberfläche	표면
Parallel	평행
Quadrat	정사각형
Segment	분절
Symmetrie	대칭
Theorie	이론
Winkel	각도

Geschäft
비즈니스

Arbeitgeber	고용주
Budget	예산
Büro	사무실
Einkommen	소득
Fabrik	공장
Geld	돈
Geschäft	가게
Gewinn	이익
Investition	투자
Karriere	경력
Kosten	비용
Manager	관리자
Mitarbeiter	직원
Rabatt	할인
Steuern	세금
Transaktion	거래
Verkauf	판매
Ware	상품
Währung	통화
Wirtschaft	경제학

Gesundheit und Wellness #1
건강 및 웰빙 #1

Aktiv	활동적인
Apotheke	약국
Arzt	의사
Bakterien	박테리아
Behandlung	치료
Entspannung	휴식
Fraktur	골절
Gewohnheit	습관
Haut	피부
Höhe	키
Hunger	굶주림
Klinik	진료소
Knochen	뼈
Medizin	약
Medizinisch	의료
Nerven	신경
Reflex	반사
Therapie	요법
Verletzung	부상
Virus	바이러스

Gesundheit und Wellness #2
건강 및 웰빙 #2

Allergie	알레르기
Anatomie	해부
Appetit	식욕
Blut	피
Diät	다이어트
Energie	에너지
Genetik	유전학
Gesund	건강한
Gewicht	무게
Hygiene	위생
Infektion	감염
Kalorie	칼로리
Krankenhaus	병원
Krankheit	질병
Massage	마사지
Risiken	위험
Schlafen	수면
Sport	스포츠
Stress	스트레스
Vitamin	비타민

Gewürze
향신료

Anis	아니스
Bitter	쓴
Curry	카레
Fenchel	회향
Geschmack	맛
Ingwer	생강
Kardamom	카르다몸
Knoblauch	마늘
Kreuzkümmel	커민
Lakritze	감초
Muskatnuss	육두구
Nelke	정향
Paprika	파프리카
Pfeffer	후추
Safran	사프란
Salz	소금
Süss	달콤한
Vanille	바닐라
Zimt	계피
Zwiebel	양파

Globale Erwärmung
지구 온난화

Arktis	북극
Aufmerksamkeit	주의
Bevölkerung	인구
Daten	데이터
Energie	에너지
Entwicklung	개발
Gas	가스
Generationen	세대
Gesetzgebung	입법
Industrie	산업
International	국제
Jetzt	지금
Klima	기후
Krise	위기
Lebensraum	서식지
Regierung	정부
Temperaturen	온도
Umwelt	환경
Wissenschaftler	과학자
Zukunft	미래

Haartypen
헤어 타입

Blond	금발
Braun	갈색
Dick	두꺼운
Dünn	얇은
Geflochten	끈
Gesund	건강한
Glatt	매끄러운
Glänzend	빛나는
Grau	회색
Kahl	대머리
Kurz	짧은
Lang	긴
Lockig	곱슬
Schwarz	블랙
Silber	은
Trocken	마른
Weich	부드러운
Weiss	하얀
Zöpfe	머리띠

Haus
하우스

Besen	비
Bibliothek	도서관
Dach	지붕
Dachboden	애틱
Decke	천장
Dusche	샤워
Fenster	창
Garage	차고
Garten	정원
Kamin	난로
Küche	부엌
Lampe	램프
Möbel	가구
Schlafzimmer	침실
Schornstein	굴뚝
Spiegel	거울
Tür	문
Wand	벽
Zaun	울타리
Zimmer	방

Ingenieurwesen
엔지니어링

Achse	축
Antrieb	추진
Berechnung	계산
Diagramm	도표
Diesel	디젤
Durchmesser	지름
Energie	에너지
Flüssigkeit	액체
Getriebe	기어
Hebel	레버
Konstruktion	건설
Maschine	기계
Messung	측정
Motor	모터
Stabilität	안정성
Stärke	힘
Struktur	구조
Tiefe	깊이
Verteilung	분포
Winkel	각도

Jazz
재즈

Album	앨범
Alt	오래된
Applaus	박수
Berühmt	유명한
Favoriten	즐겨찾기
Genre	장르
Improvisation	즉흥 연주
Komponist	작곡가
Konzert	콘서트
Künstler	예술가
Lied	노래
Musik	음악
Musiker	음악가
Neu	새로운
Orchester	오케스트라
Rhythmus	리듬
Solo	독주
Stil	스타일
Talent	재능
Technik	기술

Kleidung
의류

Armband	팔찌
Bluse	블라우스
Gürtel	벨트
Halskette	목걸이
Handschuhe	장갑
Hemd	셔츠
Hose	바지
Hut	모자
Jacke	재킷
Jeans	청바지
Kleid	드레스
Mantel	코트
Mode	패션
Pullover	스웨터
Rock	치마
Schal	스카프
Schlafanzug	잠옷
Schmuck	보석류
Schuh	구두
Schürze	앞치마

Krankheit
질병

Abdominal	복부
Akut	급성
Allergien	알레르기
Atemwege	호흡기
Chronisch	만성
Entzündung	염증
Erblich	유전
Genetisch	유전적
Gesundheit	건강
Herz	심장
Immunität	면역
Knochen	뼈
Körper	몸
Pulmonal	폐
Schwach	약한
Sinus	공동
Syndrom	증후군
Therapie	요법

Kräuterkunde
약초학

Aromatisch	방향족
Basilikum	바질
Blume	꽃
Dill	딜
Estragon	타라곤
Fenchel	회향
Garten	정원
Geschmack	맛
Grün	녹색
Knoblauch	마늘
Kulinarisch	요리
Lavendel	라벤더
Majoran	마조람
Petersilie	파슬리
Qualität	품질
Rosmarin	로즈마리
Safran	사프란
Thymian	백리향
Vorteilhaft	유익한
Zutat	성분

Kreativität
창의성

Ausdruck	식
Authentizität	확실성
Bild	영상
Dramatisch	극적인
Eindruck	인상
Erfinderisch	발명
Fähigkeit	기술
Flüssigkeit	유동성
Gefühle	감정
Ideen	아이디어
Inspiration	영감
Intensität	강렬함
Intuition	직관
Klarheit	선명도
Künstlerisch	예술적
Phantasie	상상력
Sensation	감각
Spontan	자발적인
Visionen	비전
Vitalität	활력

Kunst Liefert
미술 용품

Acryl	아크릴
Bleistifte	연필
Buntstifte	크레용
Bürsten	브러쉬
Farben	색상
Holzkohle	숯
Ideen	아이디어
Kamera	카메라
Kreativität	창의성
Leim	접착제
Öl	기름
Papier	종이
Radiergummi	지우개
Staffelei	화가
Stuhl	의자
Tabelle	표
Tinte	잉크
Ton	점토
Wasser	물

Landschaften
풍경

Berg	산
Eisberg	빙산
Fluss	강
Geysir	간헐천
Gletscher	빙하
Golf	만
Halbinsel	반도
Höhle	동굴
Hügel	언덕
Insel	섬
Meer	바다
Oase	오아시스
See	호수
Strand	해변
Sumpf	늪
Tal	골짜기
Tundra	동토대
Vulkan	화산
Wasserfall	폭포
Wüste	사막

Länder #1
국가 #1

Ägypten	이집트
Brasilien	브라질
Deutschland	독일
Finnland	핀란드
Indien	인도
Irak	이라크
Israel	이스라엘
Italien	이탈리아
Kambodscha	캄보디아
Kanada	캐나다
Lettland	라트비아
Mali	말리
Nicaragua	니카라과
Norwegen	노르웨이
Polen	폴란드
Rumänien	루마니아
Senegal	세네갈
Spanien	스페인
Venezuela	베네수엘라
Vietnam	베트남

Länder #2
국가 #2

Albanien	알바니아
Äthiopien	에티오피아
Frankreich	프랑스
Griechenland	그리스
Haiti	아이티
Irland	아일랜드
Jamaika	자메이카
Japan	일본
Kenia	케냐
Laos	라오스
Liberia	라이베리아
Mexiko	멕시코
Nepal	네팔
Nigeria	나이지리아
Pakistan	파키스탄
Russland	러시아
Sudan	수단
Syrien	시리아
Uganda	우간다
Ukraine	우크라이나

Literatur
문학

Analogie	유추
Analyse	분석
Anekdote	일화
Autor	저자
Beschreibung	설명
Biographie	전기
Dialog	대화
Erzähler	내레이터
Gedicht	시
Genre	장르
Metapher	은유
Poetisch	시적
Reim	운
Rhythmus	리듬
Roman	소설
Schlussfolgerung	결론
Stil	스타일
Thema	주제
Tragödie	비극
Vergleich	비교

Mathematik
수학

Arithmetik	산수
Bruchteil	분수
Dezimal	십진수
Dreieck	삼각형
Durchmesser	지름
Exponent	멱지수
Geometrie	기하학
Gleichung	방정식
Kugel	구체
Parallel	평행
Parallelogramm	평행사변형
Polygon	다각형
Quadrat	정사각형
Radius	반지름
Rechteck	직사각형
Senkrecht	수직
Symmetrie	대칭
Umfang	둘레
Volumen	음량
Winkel	각도

Meditation
명상

Annahme	수락
Atmung	호흡
Aufmerksamkeit	주의
Bewegung	운동
Dankbarkeit	감사
Einblick	통찰력
Freundlichkeit	친절
Frieden	평화
Gedanken	생각
Geistig	정신
Glück	행복
Klarheit	선명도
Lehre	가르침
Mitgefühl	연민
Musik	음악
Natur	자연
Perspektive	관점
Stille	침묵
Verstand	마음
Wach	깨어

Menschlicher Körper
인체

Bein	다리
Blut	피
Ellbogen	팔꿈치
Finger	손가락
Gehirn	뇌
Gesicht	얼굴
Hals	목
Hand	손
Haut	피부
Herz	심장
Kinn	턱
Knie	무릎
Knöchel	발목
Kopf	머리
Magen	위
Mund	입
Nase	코
Ohr	귀
Schulter	어깨
Zunge	혀

Messungen
측정값

Breite	너비
Byte	바이트
Dezimal	십진수
Gewicht	무게
Grad	정도
Gramm	그램
Höhe	키
Kilogramm	킬로그램
Kilometer	킬로미터
Länge	길이
Liter	리터
Masse	질량
Meter	미터
Minute	분
Tiefe	깊이
Tonne	톤
Unze	온스
Volumen	음량
Zentimeter	센티미터
Zoll	인치

Mode
패션

Anspruchsvoll	정교한
Bescheiden	겸손한
Boutique	부티크
Einfach	간단한
Elegant	우아한
Kleidung	의류
Minimalistisch	미니멀리스트
Modern	현대
Muster	무늬
Original	원본
Praktisch	실용적인
Spitze	레이스
Stickerei	자수
Stil	스타일
Tasten	버튼
Teuer	비싼
Textur	조직
Trend	경향

Musik
음악

Album	앨범
Aufnahme	녹음
Ballade	민요
Chor	합창
Harmonie	조화
Harmonisch	고조파
Improvisieren	즉흥적으로
Instrument	악기
Klassisch	고전
Lyrisch	서정적
Melodie	멜로디
Mikrofon	마이크
Musical	뮤지컬
Musiker	음악가
Oper	오페라
Poetisch	시적
Rhythmisch	리듬
Sänger	가수
Singen	노래
Tempo	속도

Musikinstrumente
악기

Banjo	밴조
Cello	첼로
Fagott	바순
Flöte	플루트
Geige	바이올린
Gitarre	기타
Glockenspiel	차임
Gong	징
Harfe	하프
Klarinette	클라리넷
Klavier	피아노
Mandoline	만돌린
Mundharmonika	하모니카
Oboe	오보에
Posaune	트롬본
Saxophon	색소폰
Schlagzeug	타악기
Tamburin	탬버린
Trommel	북
Trompete	트럼펫

Mythologie
신화

Archetyp	원형
Blitz	번개
Donner	천둥
Eifersucht	질투
Gottheiten	신
Held	영웅
Himmel	천국
Katastrophe	재해
Kreation	창조
Kreatur	생물
Krieger	전사
Kultur	문화
Labyrinth	미궁
Legende	전설
Magisch	마법의
Monster	괴물
Rache	복수
Stärke	힘
Unsterblichkeit	불사
Verhalten	행동

Natur
네이처

Arktis	북극
Berge	산
Bienen	꿀벌
Dynamisch	동적
Erosion	부식
Fluss	강
Friedlich	평화로운
Gletscher	빙하
Heiligtum	성역
Heiter	고요한
Laub	잎
Nebel	안개
Schönheit	아름다움
Tiere	동물
Tropisch	열대
Wald	숲
Wild	야생
Wolken	구름
Wüste	사막

Obst
과일

Ananas	파인애플
Apfel	사과
Aprikose	살구
Avocado	아보카도
Banane	바나나
Beere	베리
Birne	배
Brombeere	블랙베리
Himbeere	라즈베리
Kirsche	체리
Kiwi	키위
Kokosnuss	코코넛
Melone	멜론
Nektarine	천도 복숭아
Orange	오렌지
Papaya	파파야
Pfirsich	복숭아
Pflaume	자두
Traube	포도
Zitrone	레몬

Ozean
바다

Aal	장어
Auster	굴
Boot	배
Delfin	돌고래
Fisch	물고기
Garnele	새우
Gezeiten	조수
Hai	상어
Koralle	산호
Krabbe	게
Krake	문어
Qualle	해파리
Riff	암초
Salz	소금
Schildkröte	거북이
Schwamm	스펀지
Sturm	폭풍
Thunfisch	참치
Wal	고래
Wellen	파도

Ökologie
생태학

Art	종
Berge	산
Dürre	가뭄
Fauna	동물군
Flora	플로라
Gemeinschaft	커뮤니티
Global	글로벌
Klima	기후
Lebensraum	서식지
Marine	선박
Nachhaltig	지속 가능한
Natur	자연
Natürlich	자연스러운
Pflanzen	식물
Ressourcen	자원
Sumpf	습지
Überleben	생존
Vegetation	초목
Vielfalt	다양성

Pflanzen
식물

Bambus	대나무
Baum	나무
Beere	베리
Blume	꽃
Blütenblatt	꽃잎
Bohne	콩
Botanik	식물학
Busch	부시
Dünger	비료
Efeu	아이비
Flora	플로라
Garten	정원
Gras	잔디
Kaktus	선인장
Laub	잎
Moos	이끼
Sonne	태양
Vegetation	초목
Wald	숲
Wurzel	뿌리

Philanthropie
자선 활동

Brauchen	필요
Ehrlichkeit	정직
Finanzieren	금융
Gemeinschaft	커뮤니티
Geschichte	역사
Global	글로벌
Grosszügigkeit	관대
Gruppen	그룹
Jugend	청소년
Kinder	어린이
Kontakte	연락처
Menschen	사람들
Menschheit	인류
Mission	사명
Mittel	자금
Nächstenliebe	자선
Öffentlich	공공의
Programme	프로그램
Spenden	기부
Ziele	목표

Physik
물리학

Atom	원자
Beschleunigung	가속
Chaos	혼돈
Chemisch	화학
Dichte	밀도
Elektron	전자
Experiment	실험
Formel	수식
Frequenz	빈도
Gas	가스
Geschwindigkeit	속도
Magnetismus	자기
Masse	질량
Mechanik	역학
Molekül	분자
Motor	엔진
Nuklear	핵
Partikel	입자
Relativität	상대성
Variable	변수

Psychologie
심리학

Bewertung	평가
Bewusstlos	무의식
Ego	자아
Einflüsse	영향
Erinnerungen	추억
Gedanken	생각
Ideen	아이디어
Kindheit	어린 시절
Klinisch	임상
Kognition	인식
Konflikt	갈등
Persönlichkeit	인격
Problem	문제
Sensation	감각
Termin	약속
Therapie	요법
Träume	꿈
Verhalten	행동
Wahrnehmung	지각
Wirklichkeit	현실

Regierung
정부

Bezirk	지구
Demokratie	민주주의
Denkmal	기념물
Diskussion	토론
Freiheit	자유
Friedlich	평화로운
Führer	지도자
Gerechtigkeit	정의
Gesetz	법
Gleichheit	평등
Justiziell	사법
Macht	힘
Nation	국가
Politik	정치
Rede	연설
Staat	상태
Symbol	상징
Unabhängigkeit	독립
Verfassung	헌법
Zivil	시민

Restaurant #2
레스토랑 #2

Abendessen	저녁 식사
Eis	얼음
Fisch	물고기
Frucht	과일
Gabel	포크
Gemüse	채소
Getränk	음료
Gewürze	향신료
Kellner	웨이터
Köstlich	맛있는
Kuchen	케이크
Löffel	숟가락
Mittagessen	점심
Nudeln	국수
Salat	샐러드
Salz	소금
Stuhl	의자
Suppe	수프
Vorspeise	전채
Wasser	물

Säugetiere
포유류

Affe	원숭이
Bär	곰
Biber	비버
Elefant	코끼리
Fuchs	여우
Giraffe	기린
Gorilla	고릴라
Hund	개
Känguru	캥거루
Kojote	코요테
Löwe	사자
Panther	표범
Pferd	말
Ratte	쥐
Schaf	양
Stier	황소
Tiger	호랑이
Wal	고래
Wolf	늑대
Zebra	얼룩말

Schokolade
초콜릿

Antioxidans	항산화제
Bitter	쓴
Erdnüsse	땅콩
Exotisch	이국적인
Favorit	좋아하는
Geschmack	맛
Handwerklich	장인
Kakao	카카오
Kalorien	칼로리
Karamell	캐러멜
Kokosnuss	코코넛
Köstlich	맛있는
Pulver	가루
Qualität	품질
Rezept	레시피
Süss	달콤한
Verlangen	갈망
Zucker	설탕
Zutat	성분

Schönheit
뷰티

Anmut	은혜
Charme	매력
Dienstleistungen	서비스
Duft	향기
Elegant	우아한
Eleganz	우아
Farbe	색
Fotogen	포토제닉
Glatt	매끄러운
Haut	피부
Kosmetik	화장품
Lippenstift	립스틱
Öle	유화
Produkte	제품
Schere	가위
Shampoo	샴푸
Spiegel	거울
Stylist	문장가
Wimperntusche	마스카라

Science Fiction
사이언스 픽션

Bücher	책
Chemikalien	화학 물질
Dystopie	디스토피아
Explosion	폭발
Fantastisch	환상적인
Fern	먼
Feuer	불
Futuristisch	미래
Galaxie	은하
Geheimnisvoll	신비한
Illusion	환상
Imaginär	상상의
Kino	영화
Orakel	오라클
Planet	행성
Roboter	로봇
Szenario	대본
Technologie	기술
Utopie	유토피아
Welt	세계

Stadt
타운

Apotheke	약국
Bank	은행
Bäckerei	빵집
Bibliothek	도서관
Blumenhändler	플로리스트
Buchhandlung	서점
Flughafen	공항
Galerie	갤러리
Hotel	호텔
Kino	영화
Klinik	진료소
Markt	시장
Museum	박물관
Restaurant	식당
Schule	학교
Stadion	경기장
Supermarkt	슈퍼마켓
Theater	극장
Universität	대학
Zoo	동물원

Tanzen
댄스

Akademie	학원
Anmut	은혜
Ausdrucksvoll	나타내는
Bewegung	운동
Choreographie	안무
Emotion	감정
Freudig	즐거운
Haltung	자세
Klassisch	고전
Körper	몸
Kultur	문화
Kunst	예술
Musik	음악
Partner	파트너
Probe	리허설
Rhythmus	리듬
Traditionell	전통적
Visuell	시각

Technologie
기술

Bildschirm	화면
Blog	블로그
Browser	브라우저
Bytes	바이트
Computer	컴퓨터
Cursor	커서
Datei	파일
Daten	데이터
Digital	디지털
Forschung	연구
Internet	인터넷
Kamera	카메라
Nachricht	메시지
Schriftart	글꼴
Sicherheit	보안
Software	소프트웨어
Statistik	통계
Virtuell	가상
Virus	바이러스

Universum
유니버스

Asteroid	소행성
Astronom	천문학자
Astronomie	천문학
Atmosphäre	분위기
Äquator	적도
Breite	위도
Dunkelheit	어둠
Galaxie	은하
Hemisphäre	반구
Himmel	하늘
Himmlisch	천상의
Horizont	수평선
Kosmisch	우주
Längengrad	경도
Mond	달
Orbit	궤도
Sichtbar	보이는
Sonnenwende	지점
Teleskop	망원경
Tierkreis	조디악

Urlaub #2
휴가 #2

Ausländer	외국인
Ausländisch	외국의
Camping	캠핑
Flughafen	공항
Freizeit	여가
Hotel	호텔
Insel	섬
Karte	지도
Meer	바다
Pass	여권
Reise	여행
Restaurant	식당
Strand	해변
Taxi	택시
Transport	교통
Urlaub	휴일
Visum	비자
Zelt	텐트
Ziel	목적지
Zug	기차

Vögel
새들

Adler	독수리
Ei	계란
Ente	오리
Eule	올빼미
Flamingo	플라밍고
Gans	거위
Huhn	닭
Krähe	까마귀
Kuckuck	뻐꾸기
Möwe	갈매기
Papagei	앵무새
Pelikan	펠리컨
Pfau	공작
Pinguin	펭귄
Reiher	헤론
Schwan	백조
Spatz	참새
Storch	황새
Taube	비둘기
Toucan	부리새

Wandern
하이킹

Berg	산
Camping	캠핑
Führer	가이드
Gefahren	위험
Gipfel	서밋
Karte	지도
Klima	기후
Klippe	낭떠러지
Müde	피곤한
Natur	자연
Orientierung	정위
Schwer	무거운
Sonne	태양
Steine	돌
Stiefel	부츠
Tiere	동물
Vorbereitung	준비
Wasser	물
Wetter	날씨
Wild	야생

Wetter
날씨

Atmosphäre	분위기
Blitz	번개
Brise	미풍
Donner	천둥
Dürre	가뭄
Eis	얼음
Himmel	하늘
Hurrikan	허리케인
Klima	기후
Monsun	우기
Nebel	안개
Polar	극선
Regenbogen	무지개
Sturm	폭풍
Temperatur	온도
Tornado	토네이도
Trocken	마른
Tropisch	열대
Wind	바람
Wolke	구름

Wissenschaft
과학

Atom	원자
Chemisch	화학
Daten	데이터
Evolution	진화
Experiment	실험
Fossil	화석
Hypothese	가설
Klima	기후
Labor	실험실
Methode	방법
Mineralien	탄산수
Moleküle	분자
Natur	자연
Organismus	유기체
Partikel	입자
Pflanzen	식물
Physik	물리학
Schwerkraft	중력
Tatsache	사실
Wissenschaftler	과학자

Wissenschaftliche Disziplinen
과학 분야

Anatomie	해부
Archäologie	고고학
Astronomie	천문학
Biochemie	생화학
Biologie	생물학
Botanik	식물학
Chemie	화학
Geologie	지질학
Immunologie	면역학
Kinesiologie	운동학
Linguistik	언어학
Mechanik	역학
Mineralogie	광물학
Neurologie	신경학
Ökologie	생태학
Physiologie	생리학
Psychologie	심리학
Soziologie	사회학
Thermodynamik	열역학
Zoologie	동물학

Zahlen
숫자

Acht	여덟
Achtzehn	십팔
Dezimal	십진수
Drei	삼
Dreizehn	열셋
Fünf	다섯
Fünfzehn	열 다섯
Neun	아홉
Neunzehn	열아홉
Null	영
Sechs	여섯
Sechzehn	식스틴
Sieben	일곱
Siebzehn	열일곱
Vier	포
Vierzehn	십사
Zehn	십
Zwanzig	스물
Zwei	두
Zwölf	열두

Zeit
시간

Gestern	어제
Heute	오늘
Jahr	년
Jahrhundert	세기
Jahrzehnt	십년
Jährlich	연간
Jetzt	지금
Kalender	달력
Minute	분
Mittag	정오
Monat	월
Morgen	아침
Nach	후
Nacht	밤
Stunde	시간
Tag	일
Uhr	시계
Vor	전에
Woche	주
Zukunft	미래

Gratuliere

Sie haben es geschafft !!

Wir hoffen, dass euch dieses Buch genauso viel Spaß gemacht hat wie uns dessen Herstellung. Wir tun unser Bestes, um qualitativ hochwertige Spiele zu erfinden. Diese Rätsel sind auf eine clevere Art und Weise entworfen, damit sie aktiv lernen und daran Vergnügen finden.

Hat ihnen das Buch gefallen ?

Eine einfache Bitte

Unsere Bücher existieren dank der Rezensionen, die sie veröffentlichen. Können sie uns helfen indem sie jetzt eine Meinung hinterlassen ?

Hier ist ein kurzer Link, der Sie zu ihrer Bewertungsseite führt

BestBooksActivity.com/Rezension50

MONSTER HERAUSFÖRDERUNGEN !

Herausförderung 1

Bereit für ihr Bonusspiel? Wir verwenden sie ständig, aber sle sind nicht einfach zu finden. Es sind die **Synonyme** !

Notieren sie 5 Wörter, die sie in den untenstehenden Rätseln (Nummer 21, 36 und 76) entdeckt haben und versuchen sie für jedes Wort 2 Synonyme zu finden .

*Notieren sie 5 Wörter aus **Rätsel 21***

Wörter	Synonym 1	Synonym 2

*Notieren sie 5 Wörter aus **Rätsel 36***

Wörter	Synonym 1	Synonym 2

*Notieren sie 5 Wörter aus **Rätsel 76***

Wörter	Synonym 1	Synonym 2

Herausförderung 2

Jetzt, wo sie warm sind, notieren sie 5 Wörter, die sie in jedem der untenaufgeführten Rätseln entdeckt haben (Nummer 9, 17 und 25) und versuchen sie für jedes Wort 2 Antonyme zu finden. Wie viele davon können sie binnen 20 Minuten finden ?

Notieren sie 5 Wörter aus ***Rätsel 9***

Wörter	Antonym 1	Antonym 2

Notieren sie 5 Wörter aus ***Rätsel 17***

Wörter	Antonym 1	Antonym 2

Notieren sie 5 Wörter aus ***Rätsel 25***

Wörter	Antonym 1	Antonym 2

Herausförderung 3

Wunderbar, diese Monster Herausförderung  wird kein Problem für sie sein !

Bereit für die letzte Herausförderung? Wählen sie ihre 10 Lieblingswörter aus, die sie in einem Rätsel entdeckt haben und notieren sie sie unten.

1.	6.
2.	7.
3.	8.
4.	9.
5.	10.

Die Aufgabe besteht nun darin mit diesen Wörtern und in maximal sechs Sätzen einen Text herzustellen über eine Person, ein Tier oder ein Ort den sie lieben !

Tipp : sie können die letzten leeren Seiten dieses Buches als Entwurf verwenden

Ihr Schreiben :

NOTIZBUCH :

AUF BALDIGES WIEDERSEHEN !

Linguas Classics

KOSTENLOSE SPIELE GENIESSEN

GO

↓

BESTACTIVITYBOOKS.COM/FREEGAMES

www.ingramcontent.com/pod-product-compliance
Lightning Source LLC
Chambersburg PA
CBHW081710120626
46550CB00010B/3075
* 9 7 9 8 8 9 6 7 0 0 9 2 0 *